泸州

文博论坛精粹

LUZHOU

WENBO LUNTAN JINGCUI

泸州市博物馆／编

巴蜀书社

# 编委会

　　位于川滇黔渝交界、通衢四方的泸州，肘江负山，枕带双流，山、水、城相生相融，两千一百多年的历史印记交相辉映。泸州在汉代就已成为开发西南夷的"桥头堡"；唐宋时期凭借长、沱二江舟楫之利，一跃成为全国33个都会之一，与成都、重庆鼎足而立；宋元之际，泸州军民在神臂城与蒙古铁军鏖战33年，成就了"铁泸城"之美誉；明清以来，随着贸易运输的复苏，泸州再度以"酒城"之名享誉中华；近现代，毛泽东、朱德、刘伯承等革命家和军事家都在这里留下足迹，铸就了红色之城的雄风。

　　泸州市博物馆满载着泸州辉煌的历史，向人们展示着泸州一个又一个精彩瞬间。经过一代代文博人近四十年的努力奋斗，这座由中心馆、泸州石刻艺术博物馆、况场朱德旧居陈列馆、报恩塔、朱家山东华诗社旧址五大馆区构成的独具特色的博物馆群，已经成长为集文物保护、展示教育、学术研究等功能于一体的地方综合性博物馆。馆藏文物万余件，涵盖众多文物门类，其中宋代石刻量多精美，古代书画数量居全省第二，形成了以石刻文化、酒文化、书画艺术为代表的重要藏品系列。

学术研究一直以来是泸州市博物馆工作的重中之重。近四十年来，泸州市博物馆职工先后在国内各大期刊发表学术论文数十篇，其中尤以《四川文物》为多，内容涉及书画、汉代画像石棺、宋代石刻、近现代史等多个专题。本书遴选其中的16篇，汇聚成论文集，集中展示我馆在文物研究方面的部分成果。期望本书的出版，能够为我馆科研工作做一个小结，也为继续深入研究泸州历史文化的后来者提供一本基础研究资料。

编者

目录

Contents

明·王铎《"十月乡书断"行草立轴》考

陈文　谢荔　郭易东

摘要： 泸州市博物馆藏有明末清初著名书画家王铎的《"十月乡书断"行草立轴》，本文从诗、书法、款识和印鉴综合分析，认为该作品为王铎真品，是王铎书法艺术巅峰时期的作品。

关键词： 王铎；十月乡书断；行草立轴；嵩樵者

泸州市博物馆收藏有一幅明末清初著名书画家王铎的《"十月乡书断"行草立轴》（图一），绢本，纵 280 厘米，横 48 厘米。正文内容为："十月乡书断，客心不自知。战氛频冀野，冷气接吴陲。身世煎婚嫁，年华注鬓丝。丁宁钟岫石，芝饵莫相欺。"款识为："南都十月作，至辛巳春书于怀州，嵩樵者。"钤白文印"大宗伯印"、朱文印"王铎之章"各一方。

王铎（1592～1652），字觉斯，一字觉之，号嵩樵，又号痴庵，痴仙道人，别署烟潭渔叟等，河南孟津人。明末清初大臣，著名书画家、诗人。王铎一生坎坷，曾侍奉过四位君王，即明天启帝、明崇祯帝、南明福王、清顺治帝，其晚年降清颇受非议。乾隆时，朝廷查毁了王铎的全部书刊，并将王铎列入《贰臣传》，因此气节问题多少影响了王铎的声誉，但他在书画尤其是书法艺术上的成就，非常值得探讨与研究。这幅创作于王铎巅峰时期的行草立轴，在诗作时代、书法艺术、款识等方面都很值得探讨。

一、《十月乡书断》诗

王铎一生所作诗文甚富，仅五言诗就逾万首，但存世诗文较少，其原因是王铎诗文遭遇过二次损毁：一是清顺治二年，王铎返京，途中自焚诗文千余卷。王铎在给其弟的信中提到："初为诗文千余卷，清初赴燕都，焚于天津舟次，行世仅十分之二。"[1] 在《王铎年谱》中也有关于王铎焚诗之记载："清顺治二年赴京前，觉斯焚其诗文稿千余卷。"[2] 二是乾隆编纂《四库全书》时遭禁毁。张升在《王铎年谱》中详细记载到："其著作于乾隆修《四库》期间曾遭禁毁，据《纂修四库全书档案》974页载，王铎集'内杂作诸篇，语多违碍，'应毁。另外，同书497页、610页、672页，均记录了王铎著作遭受禁毁的情况。"[3] 两次诗文的损毁，使王铎很多的诗文只能在其存世书画作品上得以保存。

泸州市博物馆藏这幅行草立轴中的五律诗，款识"南都十月作"，"作"即创作。南都即南京，为明成祖朱棣主南京时的称谓。该诗如果是王铎所作，其时王铎应在南京。据

款识及印鉴

图一
王铎《 "十月乡书断" 行草立轴》

记载，王铎至少有两次在南京生活、工作的经历：其一，崇祯八年（1635），王铎因与温体仁政见不合，自请调离京师任南京翰林院学士，崇祯九年（1636）正月，王铎抵达南京，在南京居住一年左右，崇祯十年二月（1637），王铎北渡长江，返京任少詹事职。其二，崇祯十七年（1644），明亡后，王铎赴南京侍奉南明福王朱由崧，直至南明王朝灭亡。还有一处关于王铎的记载，与这幅作品有着密切的关系。崇祯十三年（1640）九月，王铎受命南京礼部尚书，十月，在赴任南京途中，顺道返回孟津，由于父母病故，王铎辞官服丧，南京之行未成。王铎的这首诗应为崇祯九年（1636）所作，至"辛巳春"即崇祯十四年（1641），"崇祯九年十月一日王铎与家严、家慈、二妹、四弟及奴仆七八人有池河之行，路遇农民义军，时值傍晚，且战且走，仓皇奔逃一夜。冬，友人朱五溪、长子无党自孟来南京会王铎"[4]。

王铎这首诗虽无磅礴之气势、大家之风范，但也绝非无病呻吟，而是有感而发。《十月乡书断》诗作于崇祯九年，其时王铎在仕途上、生活上相对较为平坦、顺利，诗中"乡书""战氛""冷气""婚嫁""鬓丝"等，都是从个人的立场、角度，发出对如火如荼的李自成农民运动的担忧以及抑郁忧伤之情。值得推敲的是，诗中所陈述的几件事，是否与崇祯九年十月南京的王铎经历相符合：

1.关于"乡书"。诗中谈到乡书已断绝，在前引王铎年谱中，有着关于王铎在崇祯九年十月及十月以后有仓皇一夜和长子来南京的记载。这里似乎出现了矛盾：长子既然来了，

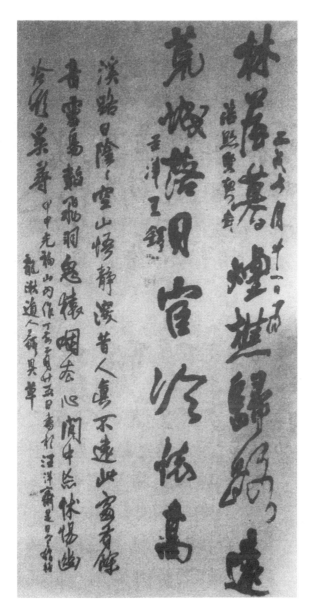

图二　王铎《溪路日阴阴》诗

乡书何以断绝？可见在王无党和朱五溪崇祯九年冬抵南京前的十月，他是没有收到乡书的。这首诗所表达的情绪中有惊魂未定的悲怆忧郁之情，因此有"年华注鬓丝"之感慨，又有对时局的动荡以及乡思之情的描述。王铎在这年冬季的另一首五绝《送五章归会稽》"乱来经岁久，乡思屡徘徊。亟问双亲健，家书敢骤开"[5]也印证了王铎此时的乡思之情。王铎有先作诗，过一段时间甚至几年后再书写的习惯，他有首作于"甲申年"（1644）的《溪路日阴阴》诗，也是"丁亥年"（1647）方书于纸上（图二）。[6]

2.关于"婚嫁"。王铎入朝之初，与东林党重要人物吕维祺交往极为密切，受其影响较深。"崇祯九年（1636），觉斯长女嫁与吕维祺之子。"[7]所谓"婚嫁"一事，当是指此。吕维祺，明万历四十一年进士，著名理学家，崇祯六年（1633）拜南京兵部尚书，参赞机务，崇祯八年（1635）归洛阳。王铎之外孙、吕维祺之孙吕履桓在《冶古堂文集》卷五《先孺人状》中也这样记载到："时外王父（王铎）已贵，而先太傅忠节公以大司马致仕洛中，两家贵显略相当，而皆好礼尚学，行婚嫁之具，不为靡，洛中士大夫皆宗之。"[8]

二、《"十月乡书断"行草立轴》书法艺术特色

王铎的书法艺术尤其行草书具有极高的成就。明末清初之时，书坛仍以帖学为本，尤其"二王"书风影响至深。王铎的书法即以帖学为基本，融入自己的创新，形成自己独特

风格。清吴修在《昭代名人尺牍小传》中说："铎书宗魏晋，名重当代，与董文敏并称。"清梁献《评书帖》这样评到："明季书学竟尚柔媚，王（王铎）、张（张瑞图）力矫积习，独标气骨，虽未入神，自是不朽。"沙孟海先生也给以王铎书法高度评价："（王铎）一生吃着二王法帖，天分又高，功力又深，结果居然能得其正传，矫正赵孟頫、董其昌的末流之失，在于明季，可说是书学界的 '中兴之主'了。"[9] 可见王铎书法之成就。

王铎一生与诗文书画为伍，尤其在书法艺术上呕心沥血、笔耕不止。王铎书法最具成就的作品大多创作于中年时期（50岁左右），他在崇祯十四年（1641）岁首《自书琼蕊庐帖》的跋文中写道："此予四十六岁笔，五十以后，更加淬砺，仍安于斯乎？譬之登山，所跻愈进，愈峻以旷，已经崇峰，顿俯天下。"[10] 这一时期，王铎颠沛流离，家人相继而亡，抑郁苦闷，生活艰辛，在极度的人生低谷中，王铎有时甚至好墨、好纸都难以求得。在这样艰难的环境之中，王铎书法巅峰时期的行、草代表作《赠张抱一行书卷》《赠张抱一草书卷》（图三）却诞生了，《"十月乡书断"行草立轴》也是这一时期的作品。

大气磅礴，险峻奇崛，韵律感、节奏感极强，是王铎《"十月乡书断"行草立轴》的特色。王铎书法特色主要表现在两个方面，即"涨墨"和"一笔书"的运用。"一笔书"是指一个字的笔画可连可断但血脉不断，一行末的字与下一行起首的字遥相呼应，笔断而意连。这幅绢本高达 280 厘米，最

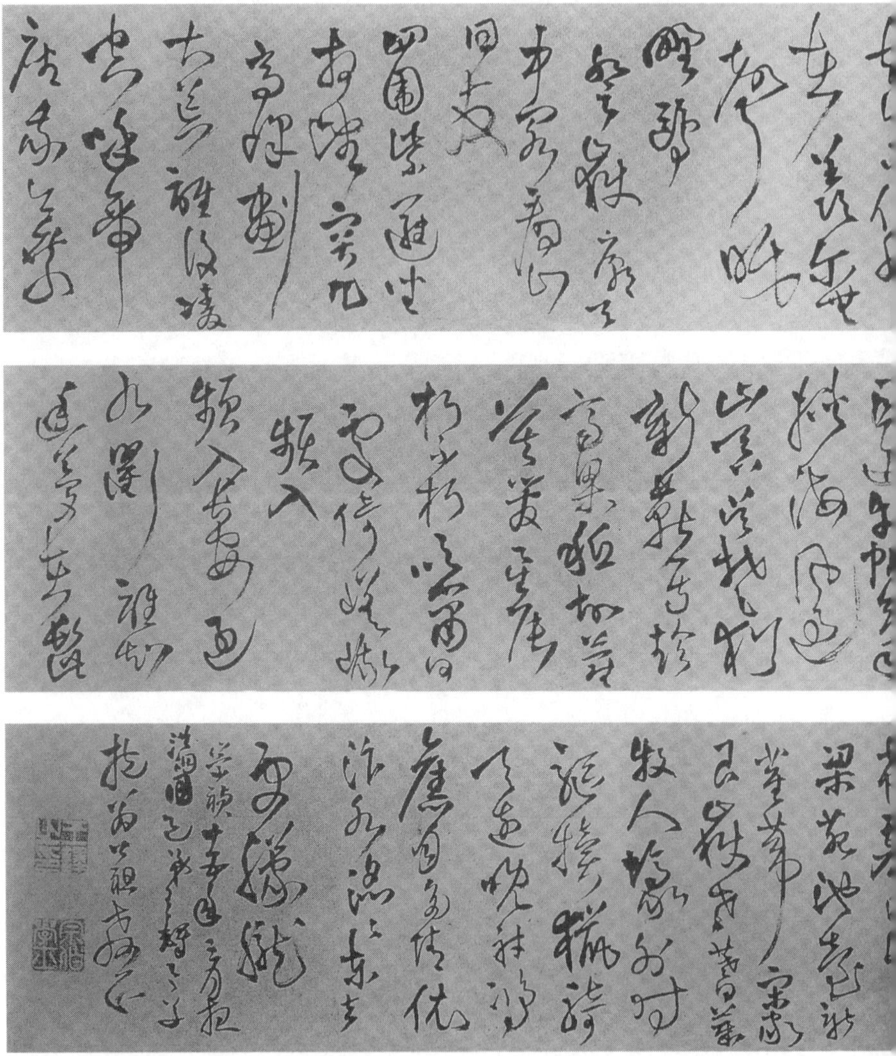

图三　王铎《赠张抱一草书卷》

張旭．古詩四帖

遊帝中
及席壽滄溟
飆至愈挺柔
吳人已人至
会人他人至

蓬萊暎清淺
宰牽手志深
此路去何深
少瀌畢至銀
游化氣無容
得無合氣
禪扈此房
娉生氣
回槐
裁形朗朗
高弟四子
禪房與物

髙霞何慶苦
我鳴阿吾
地窗崇慮
海稱佐厄
海化糖古厖
凌帝吾容
頷高愈苦吾

騰清此云合論
日夏房浙室
臙片云堂
昼抬弄堂堂
遲月偏以求旅
海江翁此生佑
此稍此無安
歜秉匯新
統院鄉
法年申播
東門齒受偏

大字径达 23 厘米、最小字径仅 9 厘米，书法界中有大字难写之说，但王铎这幅大幅行草书，挥洒自如，如高山流水一气呵成，无滞笔败笔，王铎精深驾驭笔墨的能力得以充分表现，尤其笔连技法在这幅作品中极为突出：整幅书法的主体分为竖式 3 行，第 1 行 19 字，第 2 行 17 字，第 3 行 4 字。在第 1 行中有 5 处形成了典型的笔连，分别为"客心不""战氛""冀野""泠气""接吴"；在第 2 行中有 3 处连接，即"身世""婚嫁""注鬓"；第 3 行无连笔，但在书法的结语之处，王铎匠心独运地用笔连作了一个呼应，在款识中，"南都""于怀州""樵者"的笔连，看似顺势而为，实则是有意之点睛。"客心不"的笔连处于书法的第 1 行上半部，呈 3 字笔连，而后笔连次第减少，直至第 3 行主体 4 字笔连消失，最后在款识上笔锋一回，一个 3 字笔连，两个 2 字笔连，又将渐渐消失的连笔技法再度运用，在平淡的布局中来一个峰回路转，陡然风起，使通篇书法具有强烈的韵律、节奏感。气韵是中国书画艺术颇为强调的，中国书画中的气韵可以理解为一种意境、内涵，也可以理解为一种意念、感觉。正如"一笔书"中的意连，笔断而血脉不断，笔断而意连。意连的内涵深远事实上是气韵所致，这种境界并不是每一个书家都能达到的。王铎行草看似恣肆随意，任意挥洒，实则用心经营，匠心独具。

所谓"涨墨"是指墨溢出笔画之外的现象，使局部的点线融于一处，形成块面体积。这种渗晕与块面的运用很不好掌握，使用不当容易产生死墨及晕散之败笔。"涨墨"的运用是王铎书法特征之一，王铎极擅长以润笔或者掺水的墨对点画有意进行渗晕，或使线条之间互相合并，或使笔墨渗晕交叉以丰富层次，使墨色的变化强烈。王铎对于"涨墨"的理解非常深刻，在其行草书中几乎都有"涨墨"现象。《"十月乡书断"行草立轴》中，起笔之"十月"字，王铎以润笔重锤起式，产生强烈的浓、晕效果，"月"字渗晕渐淡。至"战氛"再起"涨墨"笔法，高潮又起，随之又以淡泊为之。在第2行的"陲"处，"涨墨"笔法更为明显，"陲"字点线融于一体，厚重沉稳之态毕现。"钟"字双线合并，这是这幅行草书法最为铿锵之处，将丰富的层次、墨色的变化极为强烈地表现出来。收尾处"相欺"二字，仍以重笔渗晕书之，似有收势之态，但在顺势而来的款识上，王铎以抑扬顿挫之式酣畅淋漓、虚灵透澈地收住笔锋。整幅作品在一种极具节奏感的韵律中完成，凝滞与明快相间，给人奇崛恣肆、虚灵透澈之感，观之韵味无穷。

三、《"十月乡书断"行草立轴》印鉴与款识

历代书画家都有使用款识与印鉴的规律与习惯。王铎一生之中所用印鉴非常多，《中国书画家印鉴款识》收集有王铎印鉴63方。[11] 在《"十月乡书断"行草立轴》中，王铎使用了两方印鉴：白文印鉴"大宗伯印"、朱文印鉴"王铎之章"，皆长4.2厘米，宽4.3厘米。这两方印鉴与《中国书画家印鉴款识》中完全一致，根据该书记载，这两方印鉴为王铎在崇祯九年八月（1636）作《临兰亭序卷》所用之印鉴。[12] 明崇

图四 王铎《"十月乡书断"草书轴》印鉴

祯十六年（1643），王铎《吾气诗楷书手卷》中钤用的印鉴也是"王铎之章"朱文印和"大宗佰印"白文印。[13] 可见，王铎至少在崇祯九年到崇祯十四年左右这段时间内，常使用这两方印鉴（图四）。

从笔者所掌握的资料看，几乎王铎每幅书画作品上都落有"王铎"的款识。在《中国书画家印鉴款识》中也只有"王铎"款识之著录，并没有王铎字号款识的著录，似乎王铎没有单独题书字号款识的书画作品。《王铎书法集》共收录132幅王铎书法作品，其中题有"王铎"款识作品的有130幅，只有2幅作品仅有字或号的款识：安徽省博物馆藏《临柳公权帖草书扇面》，款识为"丁丑（崇祯十年，1637）临与二弟，觉斯"（图五）。[14] 崇祯十四年（1641）《赠子房公草书手卷》款识为"辛巳十一月多寒，至十六日独减寒院中泼墨，为子房公天下奇才，樵人痴者。"（图六）[15] 这两幅作品与《"十月乡书断"行草立轴》的款识一样只有字或号，并无"王铎"二字。这三幅作品时间相距不过5年，其中两幅作品款识在同一年，即崇祯十四年。可见王铎款识的形式是多样的，并非是一成不变的"王铎"。

对于书画家款识的理解，如果单凭书中著录或一成不变的认识是不能鉴别出真伪的。款识也是书画家情绪发挥的再现，特定的背景、心情等都会产生特殊的款识。王铎《"十月乡书断"行草立轴》"嵩樵者"款识是难得的王铎款识形式，其款识书体特色风格与整篇书体特色风格完全融为一体，自然流畅，毫无雕琢模仿之痕迹。

图五　王铎《临柳公权帖草书扇面》款识

四、余论

泸州市博物馆馆藏王铎《"十月乡书断"行草立轴》是真品无疑。另外有三点需要重视：（一）《十月乡书断》诗在王铎现存诗文资料中没有记载，对于研究王铎在崇祯九年左右的经历极有价值。（二）《"十月乡书断"行草立轴》的书法风格特色强烈，代表了

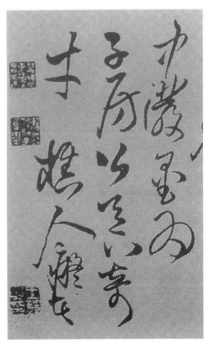

图六　王铎《赠子房公草书手卷》款识

王铎巅峰时期的行草书风，很值得后学者研究探讨。(三)《"十月乡书断"行草立轴》款识较为独特，值得进一步研究。

注释

[1] 李时灿主编：《中州先哲传·文苑一》，第149页，经川图书馆，1935年。

[2] 张升编著：《王铎年谱》，第188页，上海书画出版社，2007年。

[3] 张升编著：《王铎年谱》，第5页。

[4] 张升编著：《王铎年谱》，第96页。

[5] 张升编著：《王铎年谱》，第96页。

[6] 欧广勇编撰：《中国历代书艺概览》，第291页，科学普及出版社广州分社，1982年。

[7] 张升编著：《王铎年谱》，第97页。

[8] 张升编著：《王铎年谱》，第97页。

[9] 张升编著：《王铎年谱》，第123页。

[10] 沙孟海：《近三百年的书学》，《沙孟海论书丛稿》，第32页，上海书画出版社，1987年。

[11] 上海博物馆编：《中国书画家印鉴款识》，第121~127页，文物出版社，1987年。

[12] 上海博物馆编：《中国书画家印鉴款识》，第123、124、128页。

[13] 王铎：《王铎书法集》，第213页，北京工艺美术出版社，2005年。

[14] 王铎：《王铎书法集》，第56页。

[15] 王铎：《王铎书法集》，第110页。

——《四川文物》2012年第4期

清·髡残山水立轴辨正

——兼论《梦园书画录》正误

谢荔 涂小波

生活在明末清初的"四僧"画家之一髡残，传世作品很少。经鉴定为真迹者，不过寥寥数幅。本文要介绍的是髡残一幅作于清顺治辛丑年（1661）的山水立轴图（图一），这件作品现藏于四川省泸州市博物馆，其流传经历从画面的鉴藏印仅知曾被袁克文收藏，20世纪50年代初期由川南图书馆（今泸州市图书馆）于民间征集并收藏（"文化大革命"中征集的相关记录已毁），1983年由泸州市图书馆移交泸州市博物馆收藏。这幅山水图在清末方濬颐的《梦园书画录》中有详细的述录。

首先，我们看方濬颐在《梦园书画录》中是怎样述录这幅画的。方濬颐（1815～1889），安徽定远人，道光年间进士，曾任四川按察使，精于鉴赏，书画收藏甚富，著有《梦园书画录》。《梦园书画录》卷十七《石溪山水横幅》记曰："纸本，今尺高三尺一寸六分，阔三尺八寸。溪山水亭，有客独坐，隔水村舍，旁山桥通对岸，远帆在烟霭间，皴法清劲，脱去

图一
石溪《山林晓居图》

本来蹊径。题识曰'城市厌烦燠，江山玩清晓。盥濯临石湖，吟啸望云巘。范公游集地，登陟尘情遣。凄凄靡遗构，郁郁犹荒苑。仙人王子晋，抱道云舒卷。风吹翔河汾，鹤巢来栖偃。凉风生短槛，溪水清浣浣。何当临此际，忘年从嵇阮。生与砚为邻，惟知楮颖珍。饥鸢虽吟啸，那用忧空困。天矫钟王迹，道然骨肉匀。澄怀无渣滓，时时见天真。辛丑八月一日，坐大歇堂作此。茣壤石溪残道人。'"。

现在，我们再来看这幅山水立轴图，纸本，纵139厘米，横51.5厘米，浅绛设色。画的内容与《梦园书画录》中述录的一样，山水亭内一人独坐，隔水村舍依稀，傍山有小桥直通对岸，画面左上部隐隐有帆影逆溪而逝，画面上部题识（图二）与《梦园书画录》的内容几乎一字不差，只是"晓、湖、望、尘、情、凄、构、河、肉"等字有剥落，但从尚存的笔划分析应与述录中的字相同，唯一与述录中不同的是画中"惟知楮颖珍"一句中的"楮"字，在述录中是"椿"字。关于印章，除题识的引首章"好梦"（朱文）及姓氏章"石溪"（朱文）是相同的外，画中还有一方"残道者"印（白文），而述录中则是"电住道人"印，另外，画中有收藏印两方："口云心赏"（朱文）、"项城袁克文珍藏"（白文）。（按：克文乃袁世凯之子，精鉴赏。）

髡残山水立轴与《梦园书画录》所述录的内容基本一致，其差异只有三点：一是尺幅不同，一为立轴，一为横幅；二是题识有一字之异；三是印章不同，一为"残道者"，一为"电住道人"。要么这幅山水立轴图为伪本，要么述录有误。

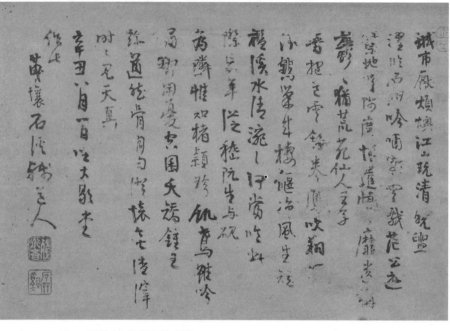

图二　石溪《山林晓居图》题识

　　髡残"擅长人物、花卉，尤精山水，宗法黄公望、王蒙，尤其与王蒙的格调相近。其早期的山水未见流传，四十岁以后风格已臻成熟，他主要的艺术特色是章法稳妥，繁复严密。郁茂而不迫塞，景色不以新奇取胜，而于平凡中见幽深；笔法浑厚，凝重、苍劲、荒率，善于用雄健的秃笔和渴墨，层层皴擦匀染，笔墨交融，厚重而不板滞，秃笔而不干枯；山石多用浓墨点苔，显得山川深厚，草木华滋。"这是杨仁恺先生主编的《中国书画》（文物出版社出版）中，对于髡残艺术风格的评述，从广度到细部，从深处到浅处，将髡残风格恰如其分地形容出来。因此，用不着过多的赘述，只要我们打开泸州市博物馆这幅髡残山水立轴，就可看出，这幅作于髡残五十岁时的作品，印证了《中国书画》中关于髡残艺术风格的评述，峰峦重叠，烟水人家，境界深厚，秃笔勾勒皴擦，以浓墨点苔，线条短壮，加以浅绛晕染，笔墨交融，厚重有力度。总的感觉是，山水奥境奇辟，林峦幽深，深厚苍劲，确为一幅独辟蹊径、自成一家的成功之作。

髡残的题识，商居翰先生在《髡残和他的题识》一文中说到："髡残画中的题识，有时甚至充满了画面留白为天空的部分，长短不一的字行里，一笔一划纠结成一片密密的图案，对这幅画的含意，欲揭还收。"髡残绘画中的题识，往往以独具特色的大片粗短字迹，纠结成一片密密的图案，几乎充满画面的空白部分。诗中提到的云巘、惊泉、溪水、饥鸢、烦燠、天真等词语，经常出现在髡残诗中，解出了髡残内心的思绪，揭示出了髡残诗中无拘无束，天真自由地回到自然之中去的禅意。髡残的题画诗，并不一定是在解释画面，往往只是种暗示，我们理解了这首诗的暗示，再欣赏、认识这幅画的主题，就能理解画中人幽坐于溪山清远、平静淡雅的草亭之中，是怎样一种超凡脱俗、无意悠游的自然神韵了。

"（髡残）所画山水，坠石枯藤，锥沙漏痕，能书家之妙，通于画法。"黄宾虹关于髡残绘画书法风格的评述，十分重要。髡残书法如同其画，线条短壮，笔法浑厚凝重，有用秃笔之感，雄健苍劲，厚重而有力度。髡残这幅山水立轴上的题识，其风格特征与其他存世画作上的题识是一致的，线条粗短，

石溪《山林晓居图》收藏印

苍动雄健，厚重有力，也是髡残独特书风的成功之作。

　　关于印章，画上有三方印章"好梦"（朱文），"残道者"（白文），"石溪"（朱文），这三方印章见于《中国书画家印鉴款识》（文物出版社出版）。"好梦"见书中 1168 页 44 号椭圆形"好梦"（朱文印）；"残道者""石谿"见书中 1167 页 28、29 号方形"残道者"白文印和"石溪"朱文印，这三方印与存世真品印（如书中所言）大小尺寸、风格特征是一致的。

　　通过以上分析，泸州市博物馆收藏的《清髡残山水立轴》为髡残难得的传世真品，有较高的艺术价值。

《梦园书画录》中的述录有失误之处。第一，名称错误，应为"髡残山水立轴"；第二，录字错误，"惟知椿颖珍"句，应为"楮"。楮，即毂树，也叫"构"，诗中两次出现了这种树名，其一，"凄凄靡遗构，郁郁犹荒苑。"其二，"生与砚为邻，惟知楮颖珍"。第一处整句诗意为荒凉的境地中没有树（构），因而冷清清如荒芜的野苑一样。第二处"楮"与第一处的"遗构"句有密切的联系，虽地处荒凉，却一生与砚打交道（指作书绘画），才更知道"楮"（楮，落叶乔木，其皮纤维可造纸）的珍贵，所以这里用"楮"字是非常恰当的。第三，印章错误，应为"残道者"。在《梦园书画录》中髡残的印章与款识错误并非一处，卷十七中，髡残《寒村暮雪图》款署曰："壬申春日，石光残道者并画。"署名有误，如系"石秃残道者"，当系干支误；《石谿墨笔山水立轴》印"石谿"，"白先"误，应为"白秃"。

综上证明了髡残山水立轴为真品的同时，也纠正了《梦园书画录》中述录的某些失误之处，当然，述录也对画中的剥落掉字予以了补正，这使我们能够读到完整的题识，对于研究该作品无疑也起到了有益的作用。

——《四川文物》1994年第4期

蔡含山水图赏析

谢荔

蔡含，字女萝，号园玉，江苏吴县（今苏州）人，是清代初期颇为著名的女画家。她生于清顺治四年（1647），卒于清康熙二十五年（1686），享年四十岁。

蔡含与金钥（1611～1693年，江苏昆山人，字晓珠）同为明末四公子之一冒襄之妾。（冒襄，1611～1693年，字辟疆，江苏如皋人，能诗，工书画，颇有名气）这两位才女皆擅书画，被称为"冒氏两画史"。

蔡含擅长画山水、人物、花草、禽鱼，尤以乔松、墨凤见奇。《国朝画征续录》对蔡含的画风这样记述："好画，兼善山水花草禽鱼，长于临摹。"《图绘宝鉴续纂》说她："长于临摹，能于瓣纸破墨，其乔松墨凤两图尤奇，襄为之题，一时和者如林。"可见，蔡含的绘画造诣是很高的。

蔡含的绘画作品传世不多，极为珍贵。泸州市博物馆有幸珍藏蔡含《山水图》中堂一幅（图一），对于蔡含作品的研究鉴赏无疑是极好的实物资料。该画横98厘米，纵205厘米，绢本，作于清康熙二十五年（1686），蔡含去世之年，是蔡

图一　蔡舍《山水图》

含现存创作时间最晚的一幅作品。蔡含临终之年竟能画出如此巨幅作品，足见其功力之深厚。

　　该画画面右上方有"花朝之晨仿前明唐伯虎意于读画吞花小寓，康熙岁次丙寅吴县女萝蔡含"楷书落款（图二）。书法笔力娟秀清丽，很有书卷气。从款识的内容及绘画风格分析，蔡含主要取法于明代唐寅。值得注意的是，蔡含在处理山水与人物之间的关系上非常独具匠心。中国画在处理山水人物时，要么突出山水，要么突出人物，二者之间主次十分分明，或以山水衬托人物，或以人物衬托山水，而在蔡含这幅作品中，山水与人物的比例竟难分彼此。画面中的人物、山水都是精心绘制，同样突出，同样清晰。仕女人物的动作神态、衣着服饰无一不惟妙惟肖（图三）。山水大至高山巨石、乔松野树，小到小桥流水、路边花草，无不精微工致、笔笔俱到。这种处理山水人物的方法，在唐寅的绘画中也有所体现，

图二　蔡含《山水图》
款识及印鉴

图三　蔡含《山水图》局部

如唐寅高人雅士山林隐遁为主题的山水画，画中人物虽小，神态的刻画却很生动，不同于一般山水画平淡的点景处理。

山水画法技巧上，唐寅既有粗放的水墨山水，也有工细着色的"院体"山水。蔡含这幅山水正是学习的后者。蔡含采用"披麻皴"技法，细长清劲，秀润缜密，山势的转角处略带圆润，晕染得当。在乔松的画法上，又具有自己的风格，枝干挺拔，松叶细如针芒，加以着色晕染，使乔松劲拔丰润，很有独特的情趣。唐寅笔下小眉、小眼、尖削下巴的仕女形象，蔡含在这幅画中展现得淋漓尽致，仕女衣服线条流畅，秀雅端庄，着色也是十分和谐、典雅。

　　总之，蔡含这幅山水中堂整体画面工致秀丽，清新淡雅，在柔和的气氛中，使人感觉到田园的风味和迷人的气息。尽管蔡含这幅画大量取法于唐寅，但也有所创新、有所突破，对于蔡含的绘画成就应该充分肯定，对其绘画风格的评价或许不能单以"长于临摹"一语来概括。

　　　　　　　　　　——《四川文物》1988 年第 6 期

丰子恺书法印象

谢荔

近日，笔者在数以千计的泸州市博物馆馆藏书画中，有幸发现了丰子恺先生的书法、绘画作品三幅。本文拟以这三幅书法、绘画作品为基础，探讨丰子恺书法意义之一二。

其一，丰子恺楷书单条。纸本，纵 66.8 厘米，横 33.5 厘米。书法正文内容为："西南漂泊老风尘，来学成都卖卜人。昨夜泸州江上望，一轮明月照江心。"落款："癸未元宵偕学明弟云游蜀中，道经泸州赋赠农廉先生两正。子恺。"（图一）

其二，丰子恺人物单条。纸本，纵 67 厘米，横 33.5 厘米。画面绘一少女倚窗而立，捧镜自观。少女四周辅以破旧的窗台、水缸、木凳、乱柴等。落款为楷书："贫女如花只镜知。子恺。"（图二）

其三，丰子恺人物单条。纸本，纵 68 厘米，横 33 厘米。画面绘几个身着长衫的人，赏花以后头插花朵扶醉而归，行走于山水之间。落款为楷书："看花携酒去，酒醉插花归。子恺。"（图三）

关于丰子恺，人们了解更多的是他质朴辛酸又意义深远

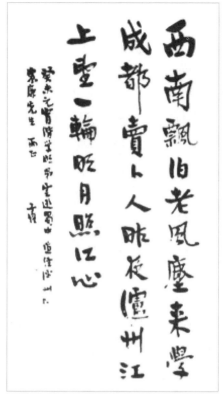

图一　丰子恺楷书单条

的漫画，对其书法艺术方面的造诣极少有人真正认识。丰子恺作为弘一法师的弟子，陈从周先生这样评价说："如果说弘一法师的作品是清静得没有一点烟火气，那丰先生的作品可以说亲切得没有一点世俗气，充分地表达了他的个性与伟大的人格。"[1] 从这三幅字画完全可以看出丰子恺的书法艺术实如陈从周先生所评价的一样，拙朴纯厚，天真自然，无矫揉之气，多纯正之风。丰子恺书法的意义是否能同其漫画等同，是否也同样有着深远之含意?

印象一："诉于眼的艺术中，最纯正的无过于书法。"[2]

这是丰子恺先生眼中的书法艺术。书法作为一种视觉艺术，如同绘画、雕塑一样，是通过视觉形象触及感觉，引起共鸣产生欣赏效果的。丰子恺先生为什么偏偏将书法称为"最纯正"的艺术呢？书法没有绘画的绚丽色彩，也没有雕塑的强有力的立体结构，它所具备的仅仅是所有视觉艺术都离不开的线条，当然，这也是视觉艺术之根本，这个根本的含意，也包含书法本身就是一种服务于社会，表达作者思维感情、人格气质的艺术。丰子恺先生对书法的理解高度，就在于他真正理解书法艺术的内涵。从他的楷书单条书法作品可以看出子他有着厚重的楷书根基，并在此基础上创新出了独具特色的书风，这幅书法作品将魏碑遗风、晋唐余韵融进了丰子恺独有的清秀平易、质朴天真的书风中，其章法布局平淡自如、随手安排，毫无雕琢之痕迹，给人以亲切近人之感。

丰子恺书法纯正风格的形成与他的人格气质、学识素养分不开。作为一代学者、大师，其人品用郑振铎的一段记叙来说明最为恰当："有一天，他（丰子恺）果然来了。他的面貌清秀而恳挚，他的态度很谦恭，却不会说什么客套话，常常讷讷的，言若不能出诸口。我问他一句，他才质朴的答一句。……我们虽没谈很多的话，然我相信，我们都已互相认识了。"[3] 这段叙述生动而形象地描述了丰子恺先生质朴纯正、朴实无华、亲切近人的人格气质。丰子恺先生一生惜时如金，既是翻译家、画家、书法家，又是教育家、诗人，他以宏深的学识根基、渊博的知识水平，给我们树立了辛勤耕耘、踏踏实实的一代学者之典范。

印象二："须知中国的民族精神，寄托在这支毛笔里头。"[4]

书法作为中国传统艺术之国粹，充分体现了国人的民族精神与民族气质，具有强烈的社会性。书法艺术不是真空艺术，也不是象牙塔艺术，它是生活、社会的反映，具有强烈的时代意识，这就是丰子恺论述的精神所在。

丰子恺的绘画以写实著称于世。郑振铎评论说："……使我惊骇于子恺的写实手段的高超。"[5]丰子恺先生的绘画，画面明白简练，人物表情生动，一目了然，但其寓意却极为深刻，令人深思。

他的人物单条作品中，画面人物线条简练，其他景物也十分明朗，充分衬托出了画中人物的"贫"字，画中倚窗捧镜的少女怎样理解呢？是理解为少女在观看因贫穷而消瘦的面庞，还是理解为少女因贫穷而生病的病容呢？这些理解是观画者最直观的理解，然而，丰子恺在画面右上方用拙朴纯正的楷书写了"贫女如花只镜知"七个字，将画的主题思想告诉了观者。丰子恺先生这段简单明朗的画款点出了这幅画的主题，使绘画瞬间具有了寓意深远的韵味，生动而又真实地描绘了社会下层贫家少女的辛酸，也从一个侧面揭露了贫富不均的社会现象。此外，简练明了的画面配上拙朴纯正的书法，使整个画面珠联璧合、相得益彰，更趋完美。（图四）

另一幅人物单条也是这样，山水间行进的插花而归的游人，同样有拙朴纯正的楷书款识："看花携酒去，酒醉插花归。"

贫女如花只镜知

子恺

图二
丰子恺《"贫女如花只镜知"立轴》

图三
丰子恺《"酒醉插花归"立轴》

图四　丰子恺《"贫女如花只镜知"立轴》局部

画面瞬间生动而有趣。既表现了一个阶层无聊病态之面貌，又写出了那个时代的没落景况。

　　书法本身是没有阶级性的，也是无意识的。但它一旦到了创作者手中，成为一种艺术的表现形式，必定会注入创作者的思想感情，并通过线条表现出来。成为生活、社会的真实反映，丰子恺的书法充分证明了这一点，正如他所论述的一样："文艺之事……都要与生活相关联，都要是生活的反映，都要具有艺术的形式，表现的技巧，与重要的思想感情。"

观丰子恺先生的书法，其拙朴纯正的书风给人以强烈的印象，他的书法尽管从没有引起轰动效应，但细品丰子恺先生留下的书法作品，无疑会给我们以极大的启示。我想用丰子恺先生在《关于学校中的艺术科》一文中的一句话，作为文章的结语，或许尚有耐人寻味之处："故必有艺术的生活者，方得有真的艺术的作品。"

注释

[1] 陈从周：《随宜集·丰子恺书法序》，第 154 页，同济大学出版社，1990 年。
[2] 丰子恺：《艺术的园地》，《卒真集》，上海万叶书店，1946 年。
[3] 郑尔康编：《郑振铎艺术考古文集》，文物出版社，1988 年。
[4] 丰子恺：《书法略论》，载《艺术修养基础》，桂林文化供应社，1941 年；丰子恺：《版画与儿画》，《艺术漫谈》，1936 年。
[5] 郑尔康编：《郑振铎艺术考古文集》，文物出版社，1988 年。

——《四川文物》1993 年第 6 期

泸州市博物馆收藏汉代画像石棺考释

谢荔

地处四川之南的泸州市博物馆，收藏有汉代陶、木、石棺18具，其中9具为画像石棺。这些画像石棺多为近年征集或出土，除少数石棺资料公诸世外，大部分具有极高价值的资料未发表。本文将部分未发表的画像石棺略做考释研究，以便对其进一步研究。

一、泸1号石棺

建国前出土于泸州市郊洞宾亭汉墓，1985年征集。石棺长2.23米，宽0.83米，高0.80米，无盖。

石棺画像内容：

1. 东王公西王母龙虎座：刻于石棺头部。画面上刻双阙，双阙中间下部似有一玄武（即神龟，由于石刻风化，图案不清晰），上部刻一璧，璧上立朱雀一只。左阙上面刻东王公骑龙图，右阙上刻西王母骑虎图。（图一）

图一　东王公西王母龙虎座图

　　西王母、东王公皆为我国神话人物。由于西王母（亦称
"金母"）拥有不死之药："羿请不死之药于西王母，姮娥
窃以奔月。"[1]西王母便被民间视为长生不死之象征，在很多
汉画像石、画像砖上都有她的形象。东王公的画像则极少见。
东王公（亦称"东木公"）也是中国古代神话中的男神，这
是由于汉人认为"西王母为女神就应有一男神相配，一西一
东各在一端，西方有白虎，东方有青龙"[2]。"东王公后增饰
为神仙领袖之一，分管男仙名籍"[3]。泸1号石棺上同时出现
西王母、东王公画像，是极有价值的珍贵图像。

图二　女娲伏羲图

2.女娲伏羲：刻于石棺尾部，人首蛇身，左为伏羲，右手持规，左手托日，日轮中有金鸟；右为女娲，左手持矩，右手托月，月轮中有桂树（图二）。

3.青龙白虎：分别刻于石棺左右两面。青龙、白虎、朱雀、玄武，皆为中国古代表示方位的神兽。《淮南子·天文训》载："东方木也……其兽苍龙……，南方火也……其兽朱鸟……，西方金也……其兽白虎……，北方水也，其兽玄武……"作为"灵兽"以正四方，辟不祥，因此"四灵"在汉代画像中多有表现。

二、泸 11 号石棺

1987 年 4 月出土于泸州市市中区新区计划生育指导站基建工地汉代砖室墓,与石棺同时出土的有陶鸡、陶狗、陶俑、石狮等随葬品。石棺长 2 米,宽 0.59 米,高 0.62 米,无盖。

石棺画像内容:

1.单阙、亭父、求盗:刻于石棺头部。画面中央为一阙,阙左右各有一人,皆露一腿及上身,另一腿隐于阙里面。上身略向外倾。左侧人腰下露一截金吾。秦汉之制,乡间十里一亭,设亭长与亭卒。"求盗者,亭卒。旧时亭有两卒:一为亭父,掌开闭扫除;一为亭卒,掌逐捕贼。"此图左边执金吾者为亭卒(求盗),右侧画面不清,不知执何物,但按此,应为亭父。

2.朱雀:刻于石棺尾部。

3.菱形纹、双鹭啄鱼、秘语图:刻于石棺左侧。画像分三部分:第一部分为菱形纹图案;第二部分为双鹭啄鱼,一鱼作跳跃状,鱼左右两侧各有一鹭,左鹭正啄鱼下部,右鹭正啄鱼上部,双鹭形象动态不一,十分生动;第三部分为秘语图,二人对坐于树丛之中,前有一土坎自下而上遮住二人之下半身。左边一人(着冠,男性)只露出头部及双手,右边一人(系发髻,女性)则露出整上半身,二人亲近,双手相握,作亲切交谈状。

秘语图是一幅颇有特色的画像。在汉代画像石中,除铭文外,所发现的画像纹饰基本都是采用浮雕技法,而这幅秘

图三 车马出游、得鼎、宴饮图

语图则采用阴刻技法。人物的形态生动，在汉画像石中独具一格，很值得研究探讨。

4.车马出游、得鼎图、宴饮图：刻于石棺右侧。画面亦分三部分：第一部分为车马出游，马上骑一人。第二部分为得鼎图，中有一鼎，鼎侧两耳上各系一绳，绳直达上部环中，再由环中穿过而向旁下垂，绳端各有一人作用力向下拉状，动态感强，十分生动。第三部分为宴饮图，在一室内，二人（右者梳发髻，为女性；左者着冠，为男性）双手相握，四目相视，神情安详，正亲切交谈。二人后面有一侍者跪于鼎后，作侍候状（图三）。

得鼎故事的来源有三：一为乌获扛鼎，二为武帝得鼎，三为泗水系鼎。乌获扛鼎源于《史记》，李善注："秦武王

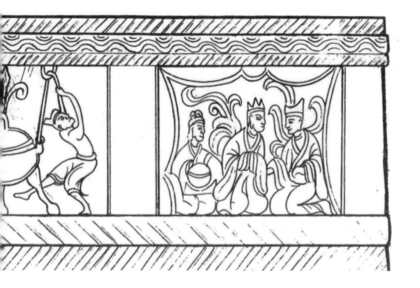

有力士乌获、孟说，皆大官，乌与孟说举鼎。扛、横开对举
也。"这与画像内容不同。武帝得鼎源于《史记·孝武本记》：
"其夏六月中，汾阴巫锦，为民祠魏雎后土营旁，见地如钩状，
掊视得鼎。"泗水系鼎见于武梁石刻画像。[4]

三、泸 12、13 号石棺

　　1987 年 9 月出土于泸州合江县胜利乡锻造厂基建工地的
汉代夫妻合葬砖室墓。两具石棺并列置于墓室内，与石棺同
时出土有对吻陶俑、侍俑、陶罐等随葬品。泸 12 号石棺长 2.24
米，宽 0.78 米，高 0.84 米，有盖，高 0.22 米；泸 13 号石棺
长 2.24 米，宽 0.78 米，高 0.84 米，有盖，高 0.22 米。

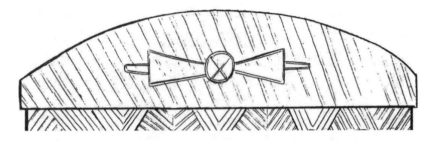

图四　方胜图

图五　柿蒂纹

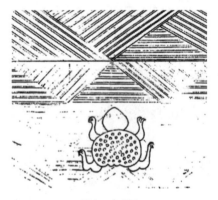

图六　玄武图

图七　西王母龙虎座图

泸12号石棺画像内容：

1.方胜、柿蒂纹、玄武：刻于石棺盖上。方胜刻于盖的当头；柿蒂纹、玄武则刻于盖顶上。胜，本是"取象西王母载胜也"[5]。可作为西王母之象征。因此，棺盖上刻"胜"，是西王母崇拜的一种表现。（图四、图五、图六）

2.双阙、女娲伏羲：双阙刻于石棺头部；女娲伏羲刻于石棺尾部，女娲伏羲为人首蛇身，两尾相交，女娲托月持矩，伏羲托日持规。

3.西王母龙虎座：刻于石棺右侧。西王母坐于龙虎座上（左龙右虎）。其源于"驾龙驾虎，周遍天下，为人而使，见西王母不忧不殆"[6]。该画像即象征"驾龙驾虎"之意。（图七）

4.朱雀、鱼、相欢图、铭文：刻于石棺左侧。画像分为两部分，一部分为朱雀、鱼，位于右面；另一部分为相欢图

及铭文，位于左面。值得探讨的是左面的相欢图及铭文。（图八）

相欢图共有四人，中间二人皆一手置胸前，一手相互牵拉着。这二人服饰穿着基本一致，不同的是，左方的人着冠，右方的人则系发髻；面部及神态，左方的人略宽大、粗犷，右方的人略窄小、温柔，因此，这二人应是一男一女，即男左女右。这二人后面各有一服饰神态完全一样的人，皆小于中间二人，并微躬上半身，作鞠躬状。根据画面分析，中间二人应为男女主人，正牵手相欢而游，神态亲密，而旁边二人则为侍者。因此，这幅画像反映的是男女主人相欢游玩的情景，故可定为"相欢图"。

铭文刻于相欢图中间二人头部中央间隙处。内容为"东海太守良中李少口"（似"君"），竖式两行，隶书。太守在汉代即是郡守，东海郡今属山东兖州。良中，考查古今地名，

图八　朱雀、鱼、相欢、铭文图

图九 双阙、亭长图

无此州县地名，而四川北部则有阆中县秦置，今仍名阆中县。良与阆为古通假字，故这里的良中应是阆中。这段铭文是墓主人的基本介绍。

根据以上分析，整个画面是根据墓主人李少口生前的一些生活情况所刻。相欢图可能是表现李少口与妻子游玩相欢时的情景。这幅画像：有人、有物、有文字，并表达了一定的生活情趣，很有价值，在汉代画像石中是不可多得的。

泸 13 号石棺画像内容：

1. 联璧纹、方胜：联璧纹刻于石棺盖顶上，方胜刻于石棺盖的当头。

2. 双阙、亭长：刻于石棺头部。双阙中有一人持戟。持戟者即管理门禁的"门亭长"。（图九）

3. 女娲伏羲：刻于石棺尾部。形状同泸 12 号石棺。

4. 联璧纹、西王母龙虎座：刻石棺右侧。联璧纹位于右面，西王母龙虎座位于左面。（图十）

这幅西王母龙虎座图是一幅较奇特图像。其一，西王母呈立式；其二，西王母未戴胜，而是头顶呈三角状（仔细看，则是由许多短线构成的三角状）；其三，西王母胸前有一由九小方格组成的略呈方形的图案。这和其他西王母图迥然不同。笔者认为，西王母头顶三角状，为"蓬发"之意，《山海经·西山经》："西王母其状如人，豹尾虎齿而善啸，蓬发戴胜，是司天之历及五残。"在以前发现的西王母图中，都是表现"戴胜"，而这幅西王母图，则表现的是"蓬发"之态。至于西王母胸前的方形图以及为什么呈立式尚有待进一步考证。

5. 舞乐、象戏、舂米：刻于石棺左侧。画像内容，从右至左，首先为一人作舞棍（或杵）状，接着一人持翟（古代乐舞所执的雉羽）戏舞一只象，象长鼻大耳，四腿粗壮，唯尾较短。这幅象戏图与山东沂南出土的《乐舞百戏图》中的"豹戏图"很相似。[7] 象左下方为一人抚琴而弹。抚琴者左为楼房，共有连结着的三间房屋：第一间为两层，底层房内有一狗；第二间为单层平房，房前有二人相向而坐，右面一人正横笛

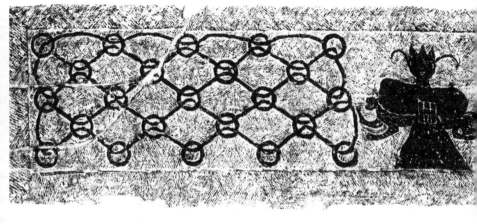

图十　联璧纹、西王母龙虎座图

侧头，作吹笛状。左面一人盘腿而坐，一手扶膝，一手上举，作打节拍观看状，房后亦有一人，一手叉腰，一手平举，着襦，作舞状；第三间为二层楼，底层房内一人正在舂米。（图十一）

　　这幅图像人物众多，共有七人二兽，动作神态各异，表现了生动的生活场面。建筑整体布局与局部的斗拱瓦脊描绘精细，对于研究汉代建筑极有价值。最值得一提的是象戏，象、象人斗兽等题材在南阳地区出土的画像石中多有出现，而四川尚未发现这类题材。据《华阳国志·蜀志》载："其宝则有璧玉……犀、象……之饶。"说明四川有象，但由于无出土物佐证，历来有蜀无象之说，最近广汉三星堆遗址出土了一批象牙，引起了学术界的重视，泸州这幅象戏图也提供了新证。

图十一　舞乐、象戏、舂米图

四、结语

泸州汉画像石棺数量多，内容丰富，雕刻技法多样，形象生动活泼。所表现的题材，有的属于首次发现，对于研究汉代四川的社会生活、文化艺术等都有重要的价值。

注释

[1] 任继愈：《宗教词典》，上海辞书出版社，1981 年。

[2] 吴曾德：《汉代画像石》，文物出版社，1984 年。

[3] 任继愈：《宗教词典》，上海辞书出版社，1981 年。

[4] 张万夫：《汉画选》，第 54 页，天津人民美术出版社，1982 年。

[5]（南朝梁）宗懔撰；宋金龙校注：《荆楚岁时记》，山西人民出版社，1987 年。

[6]（西汉）焦赣撰：《易林》，中华书局，1936 年。

[7] 张万夫：《汉画选》，第 84 页。

泸州出土汉画像石棺鱼雀图考

张遇龄　陈鑫明

泸州近来出土汉代画像石棺中的鱼雀图引起学者的研究兴趣。

高文先生在《四川出土的十一具汉代画像石棺图释》中对泸州九号石棺图释时说："图中的白雀，其特征为短脚、短尾、扁咀、啄鱼，与朱雀不同。泸州四号石棺上也有此雀。石棺上凡出现此雀者皆有鱼，很值得研究。"同时他又说："这一图上的鱼，有骨板、吻尖突，而且有须，似为鲟鱼。鲟鱼古名鲔、或鳣。"

图一　泸州四号石棺

图二　泸州九号石棺

一、泸州出土的汉代画像石棺中，鱼雀图犹多

1. 一号石棺：鱼身长24厘米，宽45厘米，尾大1.6厘米，为浅浮雕。

2. 四号石棺：1970年12月出土于泸州大驿坝长、沱二江汇合处。石棺上的鱼身长65厘米，身宽9.5厘米，尾大16.5厘米。雀身高48厘米，大16厘米，颈粗4厘米。鱼雀图全长120厘米，宽43厘米。（图一）

3. 九号石棺：1984年5月出土于长江边的麻柳湾。棺上鱼浅浮雕，鱼身长77厘米，宽11厘米，尾大16.3厘米，鳍长9.5厘米，宽6.5厘米。鱼身最窄处5厘米。鱼似鲟鱼。雀高72厘米，颈长25厘米，脚长24厘米。雀嘴啄鱼。（图二）

4. 十一号石棺：1987年4月出土于距长江150米的砖室墓中，同时出土有石俑、陶狗、陶鸡、石狮等。石棺上鱼身

图三　泸州十一号石棺

长 46 厘米，宽 7 厘米，尾大 10 厘米；雀身长 58 厘米，颈长 15 厘米，颈小处 2 厘米。两雀中一雀啄鱼的鳍，一雀啄鱼的脊柱。鱼雀图全长 66 厘米，宽 32 厘米。均为浅浮雕。（图三）

　　5. 十二号石棺：1989 年 9 月 15 日在紧靠长江边的崖墓出土。雀身长 69 厘米，高 18 厘米，颈长 23.6 厘米。（图四）

　　鱼雀画像生动活泼，线条流畅明快，雕刻技艺手法娴熟，细腻精美。特别是鲟鱼的雕刻技法，如同出自同一批工匠之手。从鱼的造形上看，以鲟鱼为多（鲟鱼又称鱼龙）。雀的形状无论大小，均属水鸟类。

　　鱼雀同图：一是栖居川南河谷先民的图腾标记；二是一种宗教祈祷；三是先民生产生活的一个缩影。

　　首先，从民族发展对生产生活的影响看鱼雀同图问题。徐旭生在《中国古代的传说时代》中说："我国古代三大部族集团：一是华夏族团，以黄帝、炎帝、鲧、禹、尧、舜为代表，该族团以中原和黄河流域为栖身之地；二是东夷族团，以蚩尤、后羿为代表，蚩尤是炎帝的后裔（蚩尤与黄帝的战争是黄炎战争的继续，炎帝兵败，乃有炎帝之后裔蚩尤起而为炎帝复仇），东夷族团是华夏族团分裂出来的，以黄河南为界而居；三是苗蛮族团，以伏羲、女娲、廪君等为代表，为西南夷的祖先。以金沙江、岷江、沱江河谷林箐间，逾数百里而居。"泸州、宜宾一带的先民是苗蛮族团的分支即僚族，据史载：僚源于古代南方的濮（僰、白）族，自秦汉以来，他们曾广泛分布于川、滇、黔、桂等省。《魏书·僚传》："僚者，盖南蛮之别种、自汉中达邛筰、川洞之间所在皆有。种类甚多、散居山谷，略无民族之别，又无名字，所生男女，唯以长幼次弟呼之。"至唐宋时其居泸州、宜宾一带者，则称"葛僚"。《新唐书·南蛮传》："泸，戎间有葛僚，居依小谷林箐间，逾数百里。"《地理风俗记》云："称他们是夷中最仁，有仁道，故从人。"他们的生产、文化水准已在诸夷之上。

金沙江、岷江、沱江、长江的流向，开辟了东西方向的交通走廊。自古以来为不同民族集团往来迁徙的通道，河口

图四　泸州十二号石棺

山谷也成为先民生息之地。"在旧石器时代，文化的传播多半通过自然的河谷通道而行。"（童恩正《略论我国西南地区的史前考古》）而河谷有优越的自然环境，鱼类资源丰富，岸边繁茂的野生植物、肥沃的土地，为先民的定居提供了良好的生存条件。《史记·货殖列传》云："楚越之地，地广人稀，饭稻羹鱼，或火耕而水耨，果随蠃蛤，不待贾而足。地执饶食，无饥馑之患。"鱼与先民生活非常密切，容易捕捉，一条大的鲟鱼（李时珍集解引陈藏器曰："鲟鱼生江中，背如龙，长一二丈，有鱼龙之称。"）往往可供一个小部落食用十天半月，所以人们对鲟鱼十分重视。

候鸟能预告季节的变化，帮助农耕、放牧，水鸟又能帮助捕鱼（当今还有老鹳捕捉鱼类），先民感怀于鸟，在死去之后，也要鱼雀伴随，至今克木人18个部族中有一半以上以各种鸟为名，白族、彝族将清明、冬至日作为祭鸟节世代相传。

据《诗经·无羊》："牧人乃梦、众维鱼矣。……众维鱼类，实为丰收。"先民在去世之后在石棺上雕刻鱼为主的画像，无论"鱼"或是"双鱼"，或是"水鸟衔鱼""鱼雀同图"等既是敬重、崇拜，也有吉祥如意、祝福的寓意。

二、从自然崇拜到宗教崇拜问题

川滇黔边的先民长期聚居河谷，与洪水、雷电、鱼兽打交道的过程中深切体会大自然与人类生活的密切关系，即大自然高兴时，赐人以福，震怒时降灾与人，使人既依赖又畏惧，因而对这些自然精灵都要祭祀祈祷。《泸县志》载："每年春夏吉日，由地方官致祭，祭品帛一、羊一、豕一，果实五盘，尊一爵三。立祭载礼服，行三跪六叩礼迎神，上香、尊帛、读祝词，其祀之以极其功也。"在川南一带还保留着原始的宗教风俗。随着人与自然关系的变化，人们常常试图解释自然，进而战胜征服自然。但遗憾的是，由于生产水平的低下和视野思维的局限，只能从幻想中得到一丝解释和安慰，既而产生了民族的创世神话，如盘古垂死天地开，只剩下伏羲、女娲，人头蛇身，为造人结为夫妻。女娲成为古苗蛮族的始祖、保护神。神话在文字不发达的古代，记载了某些事物的影子。神话传说、自然崇拜、风俗人情融为一体，在古籍《山海经》《史记》《左传》《蜀王本记》中有大量记载。《山海经·海内南经》说："氐人国，在建木西、其为人面鱼身无足。"这是氐人奉鱼为祖先的一例。《左传》上说："凤鸟适至，故认于鸟、为鸟师而鸟名。"进而年年祀祠、形成独具一格的祖先崇拜。

还有，那时由于人类子孙繁衍难度极大，为了自己种族免遭灭绝、乞求他们崇拜的鱼雀感应而使妇女多育多子，鱼雀成为氐族的神灵。闻一多先生认为氐族语言中就有"生殖繁盛"的意思，希望妇女生育子女犹如鱼产子一样多。如白族对鱼的崇拜，当捕到五六尺以上的大鱼时，要焚香祷告、立即放回。不然，以为灾祸将至。"民间有将鱼神设备供祭、还保留有鱼和海螺作殉葬品的习俗"（《中国民俗辞典·崇拜鱼条》）。《列子·黄帝》篇中有"鸥鹭妄机"的故事。《说郛》中有这样的记载："邯郸之民、正月之旦，献鸠于简子，简子大悦，厚赏之。客问其故，简子曰：'正旦放生，示有恩也。'"大诗人杜甫在《岁晏行》中说："楚人重鱼不重鸟、汝休枉杀南飞鸿。"特别是清代的郑板桥爱鸟更有独到之处，他在《家书》中云："平生最不喜笼中养鸟，我图娱悦，彼在囚牢，何情何理？而必屈物之忧以适吾性乎？"又说："欲养鸟莫如种树，使饶屋数百株，扶疏茂密，为鸟国鸟家矣。"表达了他的爱鸟之心。直至今日世界上爱鸟月、爱鸟周活动都可以溯本追源，而作为国家重点保护的中华鲟鱼、长江鲟和白鲟更受其宠，各级政府颁布命令保护，违者要绳之以法。可见从古至今鱼雀与人类的生存、发展多么休戚相关。

三、把鱼雀作为图腾崇拜

鱼雀图不仅反映了当时的社会风俗，而且对动物的图腾崇拜，表现了生活在河谷流域先民的思想意识。从古籍和多方面考证可知，古人认为天地自然是人类的主宰，认为鱼是人类的祖先，造人的伏羲、女娲都是人首蛇身，保存着鱼人的影子。从鱼到人、从神至仙，始终离不开鱼，也离不开吉祥之雀。如泸州出土的一号石棺的白虎、雀、鱼图中，白虎张牙舞爪欲捕雀。虎尾下有一鱼、虎尾后还有一雀。学者认为，双雀正啄鱼时，恰被虎闯来，而两雀各自逃命，虎追一雀，雀飞走。这幅石棺画像充分说明，为西方七宿奎、娄、胃、昴、毕、觜、参的白虎，为护鱼类而去追雀，雀之飞矣！这里鱼雀图与白虎同画，表现了先民们鱼崇拜或是图腾象征。

　　高文先生在解释泸州九号石棺画像时说："右侧刻一鱼和一雀，似为神物。"古代人们寄希望于神，这些神是本族团的始祖，或是救星、图腾、敌人。东方太昊、少昊集团流传着三足乌和太阳神的神话。说每天早晨太阳从东方的扶桑出发，给普天下带来光明，经过一天的劳顿，傍晚到西方的咸池休息，天就黑了。这个部族把鸟视为神物，而以后鸟似乎成为我国各民族的神物或崇拜的图腾。

　　这是长期栖居河谷的先民们独特的风俗信仰和物崇拜。泸州出土的十二具石棺画像上可以看到：一是有青龙、白虎、朱雀、玄武，汉民族古代神话奉为"四方之神"；也有模拟大家族建筑的"阙"；还有"东王公、西王母"。二是有西南夷族团的始祖伏羲氏、女娲，人首鳞身蛇尾。三是在这些石棺上，几乎都刻有雀鱼或虎雀；雀、雀啄鱼、雀衔鼎；雀啄鱼、雀衔璧等图像，数量较"四方之神"更多。从这个情况看，我们认为，这是各民族相互融合渗透的结果，也标志着川南民族逐渐同化到汉民族之中来，推进河谷流域先民们的进步和生产的发展。这些汉画像石棺的出土，是我们研究各民族政治、经济、文化、风俗、礼仪的宝贵资料，还有很多领域有待专家们去发掘探索。

——《四川文物》1991 年第 1 期

泸州地区崖墓刍议

晏满玲

摘要： 近 20 年来，泸州先后发现 800 余座崖墓，文物部门对部分崖墓进行了发掘清理。出土的随葬品有陶器、铜器和石器等，葬具有独木棺、石棺、崖棺、砖石棺、陶棺等。石棺上丰富的石刻绘画题材，具有较高的历史、艺术价值。

关键词： 泸州；崖墓；分布；葬具；葬品；画像石棺

泸州有记载的最早的崖墓清理发掘工作是在 1975 年，四川省博物馆和泸州市图书馆联合发掘江阳区忠山脚下石厂弯崖墓一座，出土陶质器物和五铢钱币若干。1981 年，在泸州长江大桥北端引桥施工过程中，四川省文管会于江阳区三岩脑崖墓中清理出汉代独木棺两具。2002 年 11 月和 2003 年 10 月，泸州市文物管理所先后两次对龙马潭区梦仙亭崖墓进行了抢救性清理发掘，出土陶棺、砖石棺、崖棺及陶器、圆雕石刻、青铜残件等。2005 年 4～5 月，四川省考古研究院配合泸（州）－叙（永）铁路的建设，在纳溪区护国镇永江村清理了2座汉代崖墓，出土器物有陶俑、陶案、陶房模型、陶罐、陶钵、陶盆、陶棺、陶摇钱树座及青铜钱树残枝、五铢钱、剪轮五铢钱等[1]；2007年1月，泸州市文物保护管理所在龙马潭区大驿坝木岩村崖墓抢救发掘石棺2具，石刻六博棋盘1方，玉璧1件。此外，近年还在江阳区、龙马潭区、泸县、合江县等地发现大量的东汉中期至魏晋时期的崖墓，并出土了一批珍贵文物。笔者拟就泸州地区崖墓调查发掘资料进行简单的梳理，期冀能为研究者提供更多参考资料。

一、泸州崖墓的分布

经对20世纪80年代中后期和近年来陆续发现的崖墓进行统计，泸州四县三区均有崖墓分布，主要集中在纳溪、合江、江阳、龙马潭、泸县等县区。目前已查明崖墓群66处，共计844座（表一）。

表一 泸州地区崖墓统计表

县（区）	崖墓群（处）	崖墓（座）
古蔺县	1	5
叙永县	5	58
纳溪区	6	98
江阳区	12	84
龙马潭区	8	31
合江县	14	197
泸县	20	371
合计	66	844

泸州崖墓主要分布在泸州北部地区的河谷山崖，以叙永的兴隆、马岭为分界线，多数几十座、上百座成群紧邻、集中分布（表二）。

表二　泸州地区崖墓沿河流分布一览表

河流名称	崖墓名称	所在县（区）	备注
长江 （共12处）	蒲灏子崖墓群	江阳区	长江北岸
	蛮洞山崖墓群		
	三岩脑崖墓群		
	洞宾亭崖墓群	龙马潭区	长江北岸
	邓园村崖墓群	江阳区	长江南岸
	半边南坳崖墓群		
	阎王壁崖墓群		
	烟灯山崖墓群	泸县	长江北岸
	牛屎凼崖墓群		
	雷劈石崖墓群	合江县	长江南岸
	老屋基崖墓群		
	七孔石崖墓群		
塘河 （大槽河、 小槽河）	马粪岩崖墓群	合江县	长江支流
	高村崖墓群		
	朝阳村崖墓群		
濑溪河 （九曲河） （共9处）	龙华崖墓群	泸县	长江支流
	蛮子湾崖墓群		
	蛮子山崖墓群		
	关硬山崖墓群		
	新坪崖墓群		
	五马坪山崖墓群		
	新湾崖墓群		
	蛮洞山崖墓群	龙马潭区	
	碉堡山崖墓群		

河流名称	崖墓名称	所在县（区）	备注
永宁河 （共7处）	西城盐店口崖墓群	叙永县	长江支流
	烟灯坝崖墓群		
	向阳榜崖墓群		
	金鸡村崖墓群		
	清凉山崖墓群		
	圈田岩崖墓群	纳溪区	
	蛮子山崖墓群		
沱江	渔项山崖墓群	江阳区	沱江南岸
	灯杆山崖墓群	泸县	
	木岩村崖墓	龙马潭区	沱江南岸

二、崖墓形制及葬具

（一）崖墓形制

泸州地区的崖墓多开凿于沉积岩或砂石页岩间，在山体坡面纵深向内而建，两座或多座墓葬并列。墓与墓之间的间距不大，有的相邻墓葬的墓壁间仅间隔20余厘米。墓室为横穴式单室墓，墓室平面呈"凸"字型，由墓道、甬道、墓门、墓室、左右侧龛、后龛等组成。墓室总长度一般在4米，宽度在1.3～2米，较大的墓室长度在9米，宽度在4米左右，少见大型墓室，均早期被盗（图一）。

墓道：由山体表面纵深向山体内凿建一凹槽，露天式，一般与墓室在一中轴线上，墓道长短不等，外窄内宽，墓道两壁因山体的坡度而高低起伏。墓道底部略有坡度，外低内高。在墓道两侧或中间掏挖凹槽作为排水沟，为防泥沙淤塞，

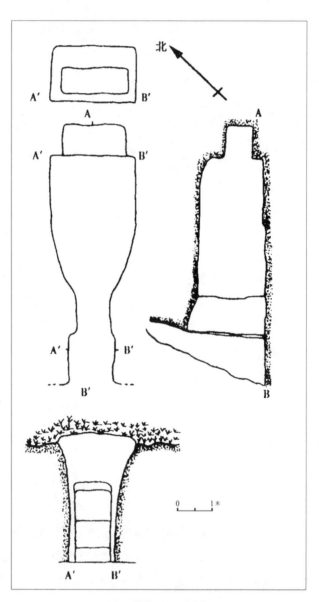

北

图一　纳溪区河口头崖墓

往往在排水沟上铺设碎石或卵石，有利于排水。墓道内一般回填就地开凿的碎石和泥土，恢复原山体的面貌。

甬道：甬道只是墓道与墓室之间的过渡，处于墓门门框处。

墓门：以 2～5 层门框由外向内等距离逐层缩小，至内门处的门坊较厚，墓门外框上方凿有前伸的岩檐，以防山水浸蚀。墓门处多用条石或青砖封门。

墓室：墓室平面呈长方形，外低内高，以便排水；墓顶多为弧形顶，即左右两壁低，中间高，也有少量坡面顶，墓室顶正中有脊；墓室进门两侧多凿出灶台；墓室内有侧龛和后龛，高出墓室底部 10～30 厘米，龛呈长方形，弧形顶，龛台上往往置放一些随葬器物。

（二）葬具

泸州地区崖墓内已发现的葬具类型有独木棺、石棺、崖棺、砖石棺、陶棺。

1. 独木棺：将直径约 0.8 米，长约 2.4 米的整段树干内心刳空为枢，其外沿稍削平整，形如木船，又称船棺。1981 年，四川省文物管理委员会在现江阳区三岩脑泸州长江大桥北端崖墓中清理发掘出独木棺 2 具。

2. 石棺：在泸州发现较多，目前共收回馆藏石棺 41 具。石棺均由整青砂石打凿而成，分为棺身和棺盖两部分。棺身为长方形，中空，长度在 198～226 厘米，宽度 70～85 厘米，高度 60～86 厘米，棺身侧壁和端壁厚度基本相同，常在 10～12 厘米之间，而底壁较厚，在 15～20 厘米之间；棺盖为弧形顶,厚度在 12～20 厘米之间,四周基本与棺身齐平。棺身外侧与棺盖顶端大多有浮雕刻画,又称画像石棺。

3. 崖棺:又称石函,直接在墓室山岩上开凿,一具位于墓室一侧或两具位于墓室左右两侧,棺身一侧壁与山体相连,不可移动。棺身呈长方形,长 198～220 厘米,宽 60～70 厘米,高 70～86 厘米,中空,其暴露在外的侧壁和端壁大多有浮雕画像。棺盖可移动,有的是整石打凿而成,呈弧形顶;有的是陶质弧形榫斗子母砖,弧形砖面上大多有简单的条纹或几何纹。

4. 砖石棺:梦仙亭 2 号墓出土 1 具砖石棺,棺身四壁由长 95 厘米、宽 20 厘米、厚 12 厘米的条石垒砌;底部由长 40 厘米、宽 16 厘米、高 10 厘米的灰陶砖铺成。棺长 227 厘米,宽 75 厘米,高 49 厘米,棺盖由弧形榫斗子母砖拼合。

5. 陶棺:又称瓦棺,泸州地区发现的陶棺均为红泥陶和灰陶,红泥陶火候不高(泸纳高速公路况场段、梦仙亭崖墓、纳溪河口头崖墓、木岩村崖墓等均有出土),灰陶火候较高(黄舣盘龙村阎王壁崖墓出土)。如梦仙亭一号崖墓出土的红陶棺,出土时棺身、棺盖均完整。棺身外长 185 厘米,宽 44 厘米,高 56 厘米;内空长 170 厘米,宽 31 厘米,高 50 厘米。棺盖呈弧形,中间高,两侧低,外沿长 192 厘米,宽 45 厘米,高 18 厘米,中间最高处 34 厘米。棺身与棺盖口沿呈凹凸形,子母扣合,无纹饰。

三、随葬品

泸州地区崖墓内出土的随葬品主要以陶器为主，有少量的青铜器、铁器、石雕、钱币等出土，因发现的墓葬均早期被盗扰，出土器物的残损现象比较严重。

1.石质器物主要有六博棋盘（长62厘米，宽52厘米，厚7厘米，正面线刻约5厘米正方形棋格）、矩形圭、圆雕立式镇墓俑、圆雕动物。圆雕动物如羊、马、蟾蜍（图二）等，多为器物插座。

2.铜质器物包括拱手立俑、双耳铜釜（图三）、天禄、马腿、车辐、钱币（图四）、釜、碗等。

3.陶器以泥质红褐陶和夹砂灰陶居多，早期的火候较低，东汉晚期至蜀汉时期的火候较高。其制作方法主要是捏制法、模制法、模捏结合法。常见的有生活用具、建筑模型、俑（人物俑、动物俑）等。

3.1 陶俑

3.1.1 人物俑

出土较多，且表现题材广泛。可分为侍俑、生产生活俑、百戏俑等几类。

3.1.1.1 侍俑（女侍俑较多）：均身首合模，前后两块制成，从头顶至左右两侧有黏合的痕迹，中空，高度在12~24厘米间。出土时面目、衣褶都较模糊。双手拱于胸前，头微微前倾，作侍立状。

标本1：女性，泥质红陶。头挽髻，穿三重深衣，襦裙，宽袖，

图二
圆雕石蟾蜍插座

图三
双耳铜釜

图四
"五铢"钱币

双手合抱于胸前, 面带微笑。高21厘米, 肩宽5.5厘米(图五)。

标本2: 女性, 泥质红陶。发式额前作两翼而顶部梳作圆鬟形, 绕襟深衣, 及地长袍, 袍底边有荷叶边, 腰间束带, 双手合抱于胸前。高33.5厘米, 肩宽9厘米, 座宽16厘米(图六)。

标本3: 女性, 泥质红陶。上身服饰模糊, 束腰, 及地长襦。胸部有明显的乳房突出。高23厘米, 肩宽7厘米(图七)。

标本4: 男性, 泥质红陶。头大, 身短, 面目清晰, 表情呆滞, 造型简单, 为捏制。高19厘米, 肩宽8厘米(图八)。

3.1.1.2 生产、生活俑

这类陶俑多用模制, 身首合一, 前后两块粘接而成, 中空, 高度在15 ~ 51厘米间。姿势有站、坐、弓等, 但手里或身边置有生活或生产的各类工具, 如执箕俑、提桶俑、庖厨俑、执臿俑、执镰俑等, 造型生动、逼真。

图五 女侍立俑

图六 女侍立俑

图七 女侍立俑　　　　　图八 男侍立俑

执匜俑：夹砂红陶，左侧头发绾牛角髻，上身袒露，下着合裆裈，跣足，右臂伸至胸前，手执匜，作侍立状。高16.3厘米（图九）。

饮酒陶俑：泥质红陶，头戴帻帽，穿衫衣，呈跪姿，双手捧一杯状物于胸前，眼微闭，嘴角上翘，呈饮酒状。高32.5厘米，肩宽12.5厘米，座宽18厘米（图十）。

持镰俑：泥质红陶，头戴尖顶帽，衫衣，通高21.5厘米，肩宽5.5厘米，双手握长柄镰于胸前，头微向上望（图十一）。

庖厨俑：泥质红陶，戴帻帽，穿衫衣，束腰，短袖露肘，呈跪坐姿。膝前一立式方形齐膝案，双手置于案上。通高41厘米，肩宽14.5厘米，座宽21厘米（图十二）。

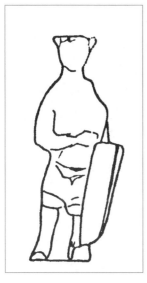

图九 执盾俑

图十 饮酒俑

图十一 执镰俑

图十二 厨俑

图十三 秘戏俑

秘戏俑：泥质红陶，右为女，左为男，并排而坐；男俑高冠长袖，头偏右微笑，女俑挽髻于脑后。男俑左手抚摸女俑右面颊，右手搭女俑右肩。女俑头偏左，面带微笑，与男俑作亲吻状。长8.5厘米，宽2.5厘米，高10厘米（图十三）。

3.1.1.3 百戏俑

一般呈跪姿，红陶居多，高度均在 40 厘米以上。常见的有舞蹈俑、击鼓俑、说唱俑等。

抚琴俑：泥质红陶，跪式。头戴平顶帽，穿右衽直裙袍，面部丰满，呈微笑状；膝上置琴，双手抚琴，作弹奏状。高 16 厘米，宽 11 厘米（图十四）。

图十四 抚琴俑

击鼓说唱俑：泥质灰陶，头戴帻帽，身穿右衽直袍；头微仰，面带微笑；左手抱圆鼓于胸部左侧，右手屈肘持鼓槌，作说唱状。高 14.5 厘米，肩宽 4.5 厘米（图十五）。

图十五 击鼓说唱俑

吹箫俑：泥质红陶，头戴尖顶帽，呈坐姿；面带微笑，额部皱纹明显；双手竖式握着一管状乐器，一头贴着嘴部，似在吹奏。高 18 厘米，宽 10 厘米（图十六）。

图十六 吹箫俑

3.1.2 动物俑

造型写实，比例协调，崖墓中多有出土。常见的有鸡（图十七）、狗（图十八）、马（图十九）、猪（图二十）、鸭、猴、鱼、龟等。

图十七 鸡　　　　　图十八 狗　　　　　图十九 马头

图二十 猪

3.3.3 建筑模型

包括平房、房盖、仓、碓房、作坊等。

陶仓：泥质红陶，略呈长方体，分为上下两部分，上部分四面均有圆孔透气；下部为封闭式柱体。高 31.7 厘米，宽 21.4 厘米，厚 15.2 厘米（图二一）。

图二一 谷仓图

图二二　生活作坊

　　生活作坊：泥质灰陶，整体为平顶两柱一开间房屋造型。梁柱外侧呈"＞"型，房屋前后通透。长27厘米，宽11厘米，高11.8厘米。"屋"内陈设有：仿木杠杆长臂捣米锤，圆形舂米缸，船型碾米臼槽，圆口直腹盛食器物，半月形陶器、陶鸡等。在长臂捣米舂旁，有二人下肢缠绕，相拥躺卧于地，从造型看，二人正在交欢（图二二）。

　　常见的陶器还有：生活用具如釜、罐、碗、碟、甑、杯、灯台等；长方形榫斗陶砖、铭文陶砖等；还有祭祀之器摇钱树座、镇墓俑等。

四、画像题材

画像石棺主要集中在四川和滇北 [2]，泸州各博物馆现收藏画像石棺 41 具，还有大量散存于未发掘的崖墓内。"石棺在汉代无疑是一种厚葬的葬具。石棺的制作费工，发现的数量也远于木、瓦、崖棺，使用者的社会地位和经济地位显然较高，并在家族中可能是较为特殊者。"[3] 泸州地区的石棺画像题材丰富，多表现神灵异兽、升仙、生活场景、民间故事，真实再现了汉代社会生活（表三）。

表三 泸州地区画像石棺登记表

序号	编号	画像石棺名称	尺寸（厘米）	棺盖	前档	后档	左侧	右侧	出土地点
1	00732	羽人升天画像石棺	长 199 宽 52 高 68	柿蒂纹	重檐双阙、朱雀、柿蒂纹	伏羲、女娲	四阿顶建筑、连理枝树、人马出行	百戏杂耍	泸县云龙
2	0027	车马出行·西王母图画像石棺	长 220 宽 64 高 82	素面	双阙	伏羲托日持规	西王母龙虎座、朱雀衔鼎	车马出行	合江县合江镇李纤藤
3	0001	羿求药画像石棺	长 222 宽 62 通高 79	重檐双阙	伏羲、女娲托日月	羿向西王母求药图	龙、虎戏璧		合江县合江镇张家沟

序号	编号	画像石棺名称	尺寸（厘米）	棺盖	前档	后档	左侧	右侧	出土地点
4	0188	车临天门画像石棺	长220宽75通高68		重檐双阙	伏羲、女娲托日月	轺车、双阙、西王母	蟾蜍、玉兔、九尾狐、三足乌、三尾鱼	合江县合江镇
5	0242	夫妻宴享画像石棺	长210宽64高65	朱雀、柿蒂纹	重檐双阙	伏羲、女娲托日月	联璧纹	联璧纹、宴饮图	合江县实录乡蒋湾村
6	0245	天门画像石棺	长22000宽6500高6400	素面	重檐双阙	伏羲、女娲托日月，持规矩	重檐双阙、钱币纹	钱币纹、水波纹	合江县实录乡幸福村
7	0244	天禄凤鸟画像石棺	长225宽65通高90	素面	三重檐双阙	伏羲、女娲托日月，持规矩	西王母坐龙虎座	天禄、凤鸟	合江县实录乡慈竹村
8	0248	董永侍父画像石棺	长210宽60通高68	柿蒂纹	单檐双阙	伏羲、女娲托日月	宅第妇人启门	董永侍父、车马出行	合江县合江镇
9	0249	养老画像石棺	长200宽70高76	素面	重檐双阙	朱雀	腾龙、干栏式建筑下一老人，手执杖，席地而坐。	人虎相斗	合江县虎头乡真武村

序号	编号	画像石棺名称	尺寸（厘米）	棺盖	前档	后档	左侧	右侧	出土地点
10	0250	求药画像石棺	长213 宽57 高60		重檐双阙	伏羲、女娲托日月，持规矩	方胜、柿蒂纹、人物采药、求药图	方胜、钱币纹、饲凤鸟、人物采摘图	合江县文桥镇黄溪村
11	0184	车马巡行画像石棺	长220 宽75 高68	素面	单檐双阙	伏羲、女娲托日月	宅第妇人启门	车马巡行	合江县合江镇
12	0192	朱雀玄武画像石棺	长200 宽65 高50	素面	朱雀	玄武	菱形纹	菱形纹	合江县合江镇黄溪村
13	0193	仙境画像石棺	长230 宽76 高86		伏羲托日	女娲托月	宴饮、六博、异兽	重檐双阙、门亭长、二层悬山顶建筑	合江县白米乡碾子村
14	0241	龙虎戏璧画像石棺	长220 宽76 高64	素面	重檐双阙	伏羲、女娲托日月		龙、虎戏璧	合江县密溪乡园艺场
15	0243	天门钱币纹画像石棺	长210 宽64 高61		重檐双阙	伏羲、女娲托日月，持规矩。	中为多层宅第建筑，左右为阙。	钱币纹	合江县实录乡幸福村

序号	编号	画像石棺名称	尺寸（厘米）	棺盖	前档	后档	左侧	右侧	出土地点
16	0291	五君子观虎画像石棺	长210 宽65 高68	素面	重檐双阙、太阳	九尾狐、太阳	五君子、龙、三足乌、蟾蜍	五君子、白虎	合江县白米乡铜锣村
17	0292	五女观虎画像石棺	长210 宽65 高68	素面	重檐双阙、月亮	蟾蜍、九尾狐、月亮	五女、白虎	五女、青龙、三足乌	合江县白米乡铜锣村
18	00004	巫术祈祷画像石棺	长221 宽82 通高80	柿蒂纹	单檐双阙	朱雀	巫操蛇、觋执铎，男、女对饮，鱼、雀相戏	双雀衔鼎	江阳区麻柳湾
19	00005	"东海太守良中李少君"画像石棺	长224 宽84 高84	柿蒂纹、方胜、蟾蜍	双阙	朱雀	朱雀衔鱼、男女面对站立、隶书铭文	西王母坐龙虎座	合江县城郊
20	00006	乐舞春米画像石棺	长224 宽70 高84	联璧纹、方胜	重檐双阙、亭长	伏羲女娲托日月和规矩	西王母坐龙虎座，联璧纹	乐舞百戏、干栏建筑	合江县城郊
21	02664	五女出行杂耍画像石棺	长205 宽62 高69	柿蒂纹、蟾蜍、莲花	单檐双阙	朱雀	求药图、五女出行图、秘戏图	杂耍表演	龙马潭区安宁乡良丰村

序号	编号	画像石棺名称	尺寸（厘米）	棺盖	前档	后档	左侧	右侧	出土地点
22	02414	西王母画像石棺	长216 宽70 高80		单檐双阙、东王公、西王母、朱雀玄武		青龙	玄武	龙马潭区梦仙亭
23	00778	泗水捞鼎秘戏画像石棺	长224 宽80 高84		单阙、亭长	朱雀	泗水捞鼎、车马出行、宴饮	秘戏、朱雀衔鱼	江阳区凤凰山
24	02834	秋胡戏妻画像石棺	长220 宽75 高85		重子母双阙、朱雀猴、亭长	饕餮、伏羲女娲	朱雀衔鱼、秋胡戏妻、戏猴、械斗、养马	葛由骑羊斗棋禄、天柿蒂纹、方胜、养老图	江阳区大山坪
25	02835	延熹八年画像石棺	长206 宽75 高76	柿蒂纹、方胜、鲟鱼、鸟衔蟾蜍、	双阙、鸟衔蟾蜍、六博仙人、铭文	伏羲、女娲托日月	采摘、弋射、铭文	六博、戏猴、神树	龙马潭区石洞镇顺江村

根据不同题材，画像可分为六类：

（一）祥瑞辟邪

包括青龙、白虎、朱雀、玄武、虬龙、螭虎、饕餮、天
禄、蟾蜍、玉兔、九尾狐、三足乌、鱼雀图等（图二三～图
二六）。

图二三 "青龙、白虎"画像棺一侧

图二四 "车临天门"画像棺右侧之
"神灵异兽"图

图二五 "五君子戏虎"后档之九尾狐

图二六 "五女观虎"画像棺后档之"月
亮·蟾蜍·天狗"图

图二七 "夫妻宴享"画像棺之宴享图

（二）现实生活

包括乐舞百戏、宴享娱乐（图二七）、秘戏、伍佰出行、车马出行、博弈、拜谒等。

乐舞百戏：如抚琴、击鼓、械斗、博弈（图二八）、杂技（图二九）等，既是现实生活的写照，又糅合了巫术与神仙思想，在墓葬中着力表现仙境的美好。

图二八 "仙境"画像棺之右侧图之宴享·博弈图

图二九 "五女出行·杂耍"画像棺之右侧"乐舞百戏"图

图三十 "五女观虎" 画像棺前档 "月亮·双阙" 图

（三）建筑

包括阙、庭院、楼阁、亭台、干栏等。

阙在泸州地区出土的画像石棺上出现的次数最多，表三 25 具画像石棺中有 24 具刻有阙。阙一般凿刻于画像棺档头，造型多样，有单阙、双阙、子母阙、单檐阙、重檐阙等（图三十、图三一）。有"阙"的一端，往往正对墓门。

在两具画像石棺上雕刻有"干栏"式建筑。"干栏"在考古学与民族学中称为"栅居"，一般用竖立的木桩构成底架，建成高出地面的居室。我国南方地区由于温暖潮湿，常使用这种建筑形式。据史载，古代僚人的"干栏"式建筑独具特色，

图三一 "秋胡戏妻" 画像棺前档 "双阙" 图

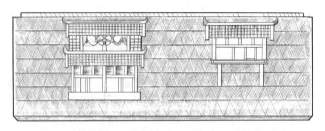

图三二 龙马潭区木岩村出土"干栏建筑"画像棺一侧

图三三 "乐舞舂米"画像石棺一侧干栏建筑

与其他"干栏"不同。顾炎武《天下郡国利病书》卷六十九言及叙州（今宜宾）以南的僚人时说："杆栏即夷人之榔盘也，制略如楼，门由侧辟，构楼以上，即为祭所，余则以为寝焉。"（图三二、图三三）

庭院一般呈三合院。（图三四）

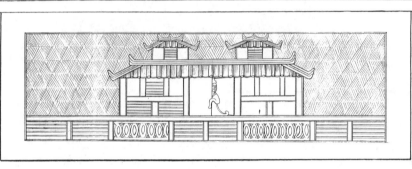

图三四 "董永侍父" 画像棺左侧 "宅第图"

（四）历史故事

包括董永侍父、秋胡戏妻、泗水捞鼎、神医扁鹊等。

董永侍父（图三五）：东晋干宝的《搜神记》载："有董永者，千乘人也。少失其母，独养老父。家贫困苦，至农日，以辘车推父于田头树荫下，与人客作，供养不阙。"

秋胡戏妻（图三六）：在古代文献和戏曲中颇多见。西汉刘向《列女传》卷五"鲁秋洁妇"中最后颂曰："秋胡西仕，五年乃归，遇妻不识，心有淫思。妻执无二，归而相知。耻夫无义，遂东赴河。"

图三五 "董永侍父" 画像棺右侧图

图三六 "秋胡戏妻" 画像石棺一局部

泸州汉代画像石棺上表现鼎的题材有泗水捞鼎（图三七），老人与鼎（图三八），龙凤衔鼎（图三九）、西王母与鼎(图四十)。"有关得鼎故事的来源有三，一为乌获扛鼎，二为武帝得鼎，三为泗水系鼎。"[4]

图三七　泗水捞鼎

图三八　老人与鼎

图三九　龙凤衔鼎

图四十　西王母与鼎

（五）升天成仙

西王母（图四一）、车过天门（图四二）、伏羲女娲、羽人升天、人物乘龙御虎、葛由骑羊等。

伏羲女娲：唐李亢《独异志》卷下云："昔宇宙初开时，天未有人民，伏羲女娲结为夫妻，再造人类之说。"泸州地区画像石棺上的伏羲女娲，均手执日月，尾部紧紧缠绕（图四三）。

图四一 "太守良中李少君"画像棺一侧 "西王母坐龙虎座"

图四二 "车临天门"画像棺之左侧图

图四三 "秋胡戏妻" 画像棺前档 "伏羲·女娲" 图

　　葛由骑羊（图四四）：汉代刘向的《列仙传》载："葛由者，羌人也。周成王时，好刻木羊卖子，一旦骑羊入蜀，蜀中王侯贵人，追之上绥山，绥山在峨眉山西南，高无极也。随之者不复还，皆得仙道。"

图四四 "秋胡戏妻"画像棺一侧画像左侧为仙人骑羊

（六）装饰图案

柿蒂纹、方胜、钱币纹、联璧纹、波浪纹、菱形纹、三角纹（图四五、图四六、图四七）。

此外，部分画像石棺有铭文题记。

1. 1987 年 9 月，在合江城郊草山坪锻造厂基建工地中出土一座汉代砖石墓，墓中有两具石棺并置于墓室内。其中一

图四五　柿蒂纹

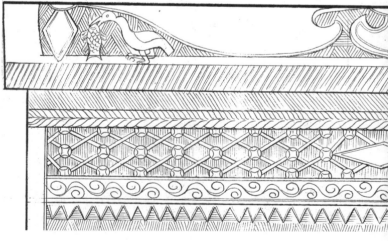

图四六　柿蒂·方胜·联璧·波纹·锯齿

具石棺右壁的"谈叙图"中，主客人头部中间有榜书"东海太守良中李少君"，隶书竖式两行，共八字。（东海，即山东兖州。）

2. 2003 年 7 月 29 日，泸州市龙马潭区安宁乡良丰村出土一具汉画像石棺，在石棺左侧壁画面中部，依稀可见竖式隶书榜文"五女"二字。

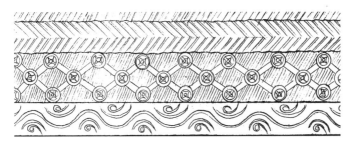

图四七　联璧·卷草

3. 2005 年 8 月 8 日，泸州市龙马潭区石洞镇顺江村濑溪河畔观音冲半山腰上的一座崖墓内出土一具画像石棺，在棺的后档左侧边沿阴文竖刻铭文"□延熹八年闰月五日兹是仪寿百年"；另在棺的左侧壁右侧边沿阴文竖刻铭文"延熹八年九月十五日"。"延熹"为汉桓帝年号，"延熹八年"即公元 165 年，"明确纪年的汉代画像石棺为分期研究提供了宝贵的标尺性样本，为我们深入研究川南地区的社会及意识形态的发展提供了不可多得的资料"[5]。

六、结语

崖墓是四川地区及重庆、云南、贵州部分地区特有的一种墓葬形制，主要分布在西南地区，东起巫山、巫溪，西至汉源、昭觉，北抵广元，南达云南昭通、贵州遵义，在东西约 750 公里，南北宽 550 公里的范围内。而以四川盆地中心地带最为密集，其中以岷江中下游、涪江中游三台和川南地区最为集中[6]。

在泸州民间，崖墓俗称"蛮子洞"，称谓之由来目前还不十分清楚。崖墓的随葬品、画像题材，都属汉文化系统。汉景帝六年（前 151）在泸州设置江阳县，南朝梁武帝大同年间至清设泸州为州治，可见在汉至南北朝时期，泸州已完全汉化。

纵观泸州地区的崖墓及其葬具、随葬品，既与四川地区同时期崖墓有相似之处，又有独到之处。就墓室结构而言，几乎都为单室墓。而沿岷江、涪江流域的墓葬有前庭、后室，或沿中轴线设置三室或多室等形制。泸州地区南北两岸出土的画像石棺题材也有略微的差别：长江北岸的画像石题材多表现现实生活，有较浓郁的民俗气息；而长江南岸的画像石题材多以神仙题材、孝文化为主。通过考察和分析这些崖墓的特点及其发展变化，不仅可以了解当时的丧葬礼仪，还能透过墓葬的构筑形制及葬具、随葬品对当时社会的政治、经济、文化等方面有更新的认识。

（文中插图由卢引科、陈卓、邹西丹、白芮等绘制、拍摄，谨此致谢。）

注释

[1] 四川省文物考古研究院、泸州市博物馆：《四川泸州河口头汉代崖墓清理简报》，《四川文物》2006 年第 5 期。

[2] 蒋英炬、杨爱国：《汉代画像石与画像砖》，文物出版社，2001 年。

[3] 罗二虎：《汉代画像石棺研究》，《考古学报》2000 年第 1 期。

[4] 谢荔：《泸州博物馆收藏汉代画像石棺考释》，《四川文物》1991 年第 3 期。

[5] 邹西丹：《泸州市石洞镇发现东汉"延熹八年"纪年画像石棺》，《四川文物》2007 年第 6 期。

[6] 蓝勇：《西南历史文化地理》，第 222 页，西南师范大学出版社，1997 年。

——《四川文物》2009 年第 4 期

泸州市博物馆藏东汉陶佛像灯台略考

邹西丹

摘要： 泸州市博物馆藏有一件东汉时期的陶佛像灯台。灯座为一结跏趺坐佛像，造型较为少见，为研究早期佛教传入中国提供了新的资料。

关键词： 泸州市博物馆；早期佛像；陶灯台；长江中下游地区

一、引言

近年来，西南及长江中下游地区大量早期佛像资料的出土，引起学术界的广泛热议。其中四川地区发现的早期佛像遗物达32件以上，它们以摇钱树或画像石为载体[1]，与长江中下游的早期佛像形成鲜明对比[2]。笔者在2007年馆藏文物数据库建设中，于众多藏品中发现1件东汉时期的陶佛像灯台，它的出现，为四川地区早期佛像研究提供了新资料。笔者对其予以简单的探讨，希望能为早期佛教研究提供些许参考。

这件陶佛像灯台于1987年出土于泸州能源大楼基建工地

正面

背面

图一　陶佛像灯台

一墓葬。泥质红陶，模制，中空，高 35.2 厘米，底宽 9 厘米，肩宽 9.6 厘米（图一）。灯台造型为汉代流行的枝形灯样式。灯座为一结跏趺坐佛像，额头发髻螺状，脑后发髻竖平行状，面部双目深邃，眉间饰白毫相，颧骨高突，面带微笑，着通肩衣，双手握于身前，双手之间的衣服呈"U"形，背后三道弧形衣纹，结跏趺坐于梯形高台上，高台正中装饰一朵盛开的莲花，佛像头顶及肩部分出三个枝杈，高举三个灯盘。四川地区以往出土的位于画像石或摇钱树上的早期佛像，均为线刻或浮雕的二维图像，这件灯台上的佛像，是真正意义上三维形态的早期佛教图像，对于早期佛像研究意义重大。

二、年代

由于历史原因，出土这件陶佛像灯台的墓葬没有进行科学发掘，我们无法通过墓葬形制等方面进行断代，综合同时出土的器物（图二）的特征，与其他地区有断代的东汉时期的器物进行对比，可以大致确定其年代。

与这件陶佛像灯台同时出土的器物，包括击节俑、庖厨俑、陶田及陶罐等，陶俑造型均生动传神，具有很高的艺术造诣。其中陶罐的形制与重庆水泥厂东汉岩墓出土的 I 式罐 [3] 及成都西郊西窑村东汉墓 VI 式罐 [4] 相似，这两座墓的年代均被定为东汉中期。而陶狗及陶猪、陶俑服饰亦与被定为东汉中期的绵阳杨家镇汉代崖墓 [5] 和夹金山千佛岩东汉墓 [6] 相似。由此我们大致可以推定这件陶佛像灯台的年代为东汉中期至晚

图二
与陶佛像灯台同
时出土器物
1. 侍俑 2. 陶罐

期，与四川地区发现的其他早期佛像年代基本一致。

三、形态特征

与以往发现的同时期早期佛像相较，泸州市出土的这件陶佛像灯台具有以下两个特征：

1. 典型的佛像造型要素。根据目前研究资料的性质和内涵的不同可分为三类：A. 佛坐像或佛立像；B. 与佛教教义、实践相关的图像或象征物，如佛塔、力士、莲花、白象等；C. 与佛教有关的外围图像以及吸收一定佛教图像元素的混合式图像，如胡人俑、白毫人物等 [7]。A 类以乐山柿子湾崖墓墓门上

图三　长江下游地区出土魂瓶上的早期佛像

的佛像 [8] 为我们所熟知，B 类以佛塔、莲花纹砖 [9] 为典型，C 类则以忠县涂井蜀汉墓中出土的白毫相俑 [10] 为代表。这件灯台上的佛像，竖状发髻、通肩衣及结跏趺坐，还有眉间的白毫相，为典型的 A 类佛像，与以往四川地区发现的 A 类早期佛像不同的是，他的双手不是施无畏印，而是双手握于身前

图四　贵州清镇汉墓出土早期佛像

施禅定印，这种特征与长江中下游地区出土的早期佛像相似 [11]（图三），此外贵州清镇出土的早期佛像 [12]（图四）的双手形态也类似于禅定印，虽然这一两个个例还不能说明其与长江中下游早期佛像存在某种关联，但位于长江上游的泸州，其早期佛教(像)的发展与长江中下游的相互影响并非不可能，只是这种影响是自上而下的还是自下而上的则需要进一步的考古证据。

这种有别于四川地区其他早期佛像的特点或许能为我们打开另一扇门。目前学术界认为早期佛教的传播有三条线路 [13]，即西北传入线路、西南传入线路和东南传入线路，这件陶佛像灯台的出现，或者说明早期佛教的传播线路是多元的，早期佛教被这几条线路上来往的商人带来中国，与当地文化融

合，形成早期佛像的最初影像。

2.独特的造型载体。以往四川地区发现的早期佛像，都以画像石或摇钱树为造型载体，这件早期佛像却是以灯台为造型载体，形成了四川地区早期佛像一种新的载体形式。以灯台为造型载体的崇拜偶像，还有四川地区的西王

图五　乐山出土西王母陶灯

母，在《关于麦沱M47所出"西王母俑"的几个问题》一文中，介绍了目前发现于乐山、自贡等地的西王母陶灯台[14]（图五）。这些灯台形制大体相同，西王母坐于龙虎座上，双手笼于胸前，龙虎之上各立一蟾蜍，高举灯盘，可见以灯台为造型载体并非这件陶佛像灯台的首创。

四、探讨

在对中国早期佛教的研究中，关于早期佛教在中国的发生发展，多数学者认为最开始是依附于中国本土宗教的，依附于本土的黄、老、道教，就意味着它必然以神异的面貌出现，"担负弘扬佛法重任的外国佛教徒必须采取变通的办法，

迎合信仰者迷信好奇的心理，以感性浅易的方式传教，这就是神异道术"[15]。在这种神异面貌下，佛像抛却了精密与严谨，摇身成为冥间的保护者，与中国本土的东王公、西王母平起平坐，并最终取代西王母，成为冥界的主宰。这件陶佛像灯台就像西王母灯台所起的作用一样，成为指引墓主人前往美好世界的指路明灯，高台上的莲，正是象征"弥陀之净土"。

泸州的这件陶佛像灯台，在传播者的变通之下，以人们熟悉的形态，成就了佛教的仪轨，悄然间，西王母变成了佛像，昆仑山变成了莲华净土，这种转变不是一蹴而就的，而是存在一个彼此影响的过程，四川三台县曾出土一件西王母灯台[16]（图六），上半部分西王母饰高髻，垂鬟发，穿圆领右衽宽袖深衣，左手藏袖于身前，右手外露抚膝，盘腿坐于龙虎座上，龙虎座下的底座中央刻画一扇门，门两侧各有一名跽坐的卫士，手执棍棒，怒目咆哮，卫士外侧各一个手举灯盘的半跪裸身神兽，左脚下跪，右脚半蹲，左手托座，右手置膝，西王母双手的形态与乐山等地拱手于胸前完全不同，而似佛教触地手印，底座上的半跪神兽，姿态也与佛教中的力士如出一辙，这座墓断代为东汉中期偏晚，与泸州的陶佛像灯台在时间上基本一致，这种相似性，正说明了佛教传入之初与本土宗教的碰撞与融合。

此外，值得注意的，这件陶佛像灯台是模制而成，模具的使用在陶器的生产上具有划时代的意义，一方面使器物的造型能够保持很好的一致性，另一方面又极大提高了器物的产量，使陶制品的商品化成为可能，这种商业化的流通，在

图六 四川三台新德乡汉墓出土西王母陶灯

同时期各类考古资料均有所见，绵阳出土的说唱俑、舞蹈俑，
与泸州出土的同类型文物在造型上如出一辙，正是陶制品商
品化的最佳佐证。商业经济下，生产市场需求的产品成为生
产者必须遵守的先决条件，也就是说，这种陶佛像灯台拥有
一定消费群体，生产者才可能采用模制的高效率方法进行生
产，这或者可以证明，至少在东汉中晚期佛教在民间的信众
已达到一定的规模。

注释

[1] 罗二虎：《论西南地区早期佛像》，《考古》2005年第6期。

[2] 长江中下游早期佛像以铜镜及魂瓶为表现载体，参见杨秋莎：《汉

魏时期蜀汉、孙吴墓葬中的佛教遗物——兼谈长江流域的佛教传
播》,《四川文物》2003 年第 5 期。

[3] 郭蜀德、王新南:《重庆水泥厂东汉岩墓》,《四川文物》1987
年第 2 期。

[4] 成都市文物考古工作队:《成都西郊西窑村 M3 东汉墓发掘简报》,
《四川文物》1999 年第 3 期。

[5] 何志国:《绵阳杨家镇汉代崖墓清理简报》,《四川文物》1988
年第 5 期。

[6] 周杰华:《夹金山千佛岩东汉崖墓清理简报》,《四川文物》
1988 年第 6 期。

[7] 王苏琦:《汉代早期佛教图像与西王母图像比较》,《考古与文物》
2007 年第 4 期。

[8] 宿白:《四川钱树和长江中下游部分器物上的佛像——中国南方
发现的早期佛像札记》,图一;《文物》2004 年第 10 期。

[9] 吴焯:《四川早期佛教遗物及其年代与传播途径的考察》,图二,
《文物》1992 年第 11 期。

[10] 四川文物管理委员会:《四川忠县涂井崖墓》,《文物》1985
年第 7 期。

[11] 宿白:《四川钱树和长江中下游部分器物上的佛像——中国南方
发现的早期佛像札记》,图六。

[12] 罗二虎:《略论贵州清镇汉墓出土的早期佛像》,《四川文物》
2001 年第 2 期。

[13] 罗二虎:《论西南地区早期佛像》,《考古》2005 年第 6 期。

[14] 苏奎、尹俊霞:《关于麦沱 M47 所出"西王母俑"的几个问题》,
《四川文物》2006 年第 2 期。

[15] 吴虚领:《佛教初传中国时期的形态研究》,《世界宗教研究》
1994 年第 4 期。

[16] 景竹友:《三台新德乡东汉崖墓清理简报》,《四川文物》1993
年第 5 期。

泸州市石洞镇发现东汉"延熹八年"纪年画像石棺

邹西丹

2005年8月8日，接报泸州市龙马潭区石洞镇顺江村有人盗窃崖墓，泸州市博物馆随即派出相关工作人员前往现场勘查，盗墓分子已将墓内的画像石棺清理完毕准备运走，为保证石棺安全，经过十余小时的连续工作，工作人员终于将这具极为珍贵的"延熹八年"纪年画像石棺抢救回馆内保存。

一、崖墓概况

该崖墓位于顺江村濑溪河畔观音冲半山腰上，距村民胡玉仁家约200米，墓向334°，由墓道、墓门、墓室和后龛构成。早年即已被盗。墓门两重，外框宽1.3米，进深0.12米，内框宽1.1米，进深0.5米。墓室平面呈长方形，拱形顶，长3.72米，宽2.8米，高约1.96米。南北向摆放两函一棺，两石函均为素面，有盗洞，石棺棺身完整，棺盖有一缺口，棺盖及棺壁外侧均刻有精美的纹饰。左侧石函长2.12米，宽0.9米，高0.85米，壁厚 0.1 米；右侧石函长 2.2 米，宽 1 米，高 0.8 米，壁厚 0.1 米；石棺棺身较为完整，长 2.08 米，宽 0.7 米，棺盖残长 2.05 米，宽 0.89 米，厚 0.15 米。后龛拱形，距地面 0.8 米，宽 1.45 米，进深 0.8 米，高约 1 米。

二、画像石棺纹饰

前侧（以墓门为参照点）上刻辫纹，下刻交尾伏羲女娲，交领宽袍，颧骨突出，左侧女娲左手执矩右手执月，右侧伏羲右手执规左手执日，蛇尾下又刻二人首蛇身孩童（图一）。

图一　石棺前侧画像

图二　石棺后侧画像

后侧：上刻辫纹，下刻双阙，左侧阙顶刻鸟衔蟾蜍，右侧阙顶刻一鸟衔蛇，两阙间上刻鸠鸟及悬挂双鱼斗拱，下刻两六博仙人，束发脑后，兴致盎然；左侧边沿阴文竖刻铭文"延熹八年闰月五日兹是仪寿百年"（图二）。

左侧：上刻辫纹，下部图饰分两部分，上半部分依次刻联璧纹、胜纹、卷草纹，三角纹：下半部分左刻神树，树下分立三人，左侧两人背对，一人抬手摘树上的果实，一人执便面。右侧一人抬手抚树干，似与左侧人谈论什么；右刻一男子弋射白雉，白雉背上及头下方各立一鸠鸟，尾下立一龟，

图三　石棺左侧画像

空中飞舞一鸠鸟、男子做拉弓预射状。右侧边沿阴文竖刻铭文"延熹八年九月十五日"（图三）。

右侧：上半部分雕刻纹饰与左侧相同、下半部分从左到右依次刻飞舞的鸠鸟、两交手执便面人物，从服饰上看，左为女性，右为男性；执便面侍者：两交手执便面人物、左为男性，右为女性；右手担鱼及壶、左手提壶的侍者；神树，树上有两猴子嬉戏，树下立三人，左两人分别执便面对视，左男右女，右一人右手执杖，左手抚头，前方一松树，树上挂一把环首刀，树下左侧摆放一六博盘，右侧刻有一半圆形物体（图四）。

图四　画像石棺右侧画像

棺盖：前端右侧稍残，中间刻一大的柿蒂纹与前后两端胜纹相连。前端左侧刻鱼一尾，右侧刻鸟衔蟾蜍；后端左侧刻鸟衔鱼，右侧刻鱼一尾（图五）。

图五　石棺棺盖画像

泸州是发现汉代画像石棺较为集中的地区，其中又以泸县、江阳区、龙马潭区及合江县最为密集。这具画像石棺与以往发现的汉代画像石棺在雕刻风格、图像布局上基本一致，画像内容则独树一帜，图案所包含的文化内涵更为广博。"延熹八年"（165 年）明确的纪年为汉代画像石棺的分期研究提供了宝贵的标尺性样本，为深入研究川南地区的社会及意识形态提供了不可多得的资料。

——《四川文物》2007 年第 6 期

四川泸州市大冲头村出土
东汉画像石棺考

邹西丹

摘要： 2014年6月，四川泸州市龙马潭区双加镇大冲头村公路修建过程中发现一具东汉画像石棺。这具画像石棺保存完整，雕刻内容丰富，包括双阙、伏羲女娲、柿蒂纹、送行叙谈、出行、杂耍等，生动反映了"宇宙、仙境和模仿人间的'幸福家园'"的三重宇宙，以及对子孙孝行的彰表。

关键词： 四川泸州市；崖墓；画像石棺；东汉；永兴；铭文

2014年6月，四川泸州市龙马潭区双加镇大冲头村修建公路时发现一具画像石棺。龙马潭区文物保护管理所、泸州市博物馆闻讯后迅即赶赴现场进行调查。因修路被破坏的崖墓坐北朝南共3座，均为单室墓，石棺出于居中的崖墓，石棺棺盖置于一旁，棺内未见遗物。石棺现被送至泸州市博物馆保存。该画像石棺保存完整，由棺盖和棺身组成，均由整石凿成，青砂石质，棺盖前端、脊上和棺身的四面都雕刻有图案，雕刻技法均为剔地浅浮雕。

一、画像内容

（一）棺盖

棺盖的顶部和内部雕刻为弧形，长 2.12 米，宽 0.72 米，中部高 0.22 米，两端高 0.09 米。顶部中间雕刻三组柿蒂纹，两侧近边沿位置雕刻带状装饰，前端位置雕刻一圆（图一、

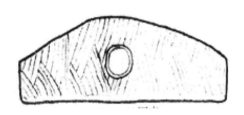

图一　棺盖前端

图二　棺盖前端拓片

图二）。

（二）棺身

棺身为长方形，底部较口部稍宽，横截面略呈梯形（图三、图四）。棺口长2.11米，宽0.64米，高0.7米。棺内深0.5米。棺壁厚0.06米。棺底长2.13米，宽0.68米，厚0.2米。棺盖和棺身之间是平口。

前档　雕刻有边框，上部边框雕刻云气纹，中部雕刻双阙。右侧阙两重，左侧阙一重。阙间侧立一侍者，右手扶阙，仰头望天。左阙左侧雕刻一树，枝叶在阙间交错，一鸟立于阙间枝上（图四-1）。

后档　雕刻边框，两端边框外雕刻方胜纹。右侧方胜尖头，左侧方胜平头，上端边框饰云气纹，中间为伏羲女娲图。两人侧立对视，尾部相交。左为伏羲，人头蛇身，头戴高冠，身穿宽袖大袍，右手执规左手捧轮。右为女娲，人头蛇身，头绾双髻，身穿宽袖大袍，一手执矩，一手托轮（图四-2）。

左帮　刻边框，将图案分为上下两格，边框上装饰云气纹。上格以云气纹带分为左右两格，雕刻联璧纹，下格为送行图，雕刻送行队伍，共雕刻侧立人物十人。从右侧起，第四、六人头戴冠，身穿宽袖大袍，右手高举便面，左手置于腹前。第二人头戴冠，身穿宽袖大袍，右手高举便面，左手杵拐杖。第五人立发梳于脑后，身穿宽袖大袍，右手高举，左手置于腹前。第七人头戴冠，身穿宽袖大袍，右手高举鸠杖，右腰别弯头状物，应为墓主人。第八人头梳椎髻，身穿窄袖上衣，下半身裸露，右手执便面，左手杵弯曲拐杖。第九人头戴冠，

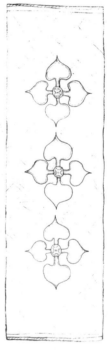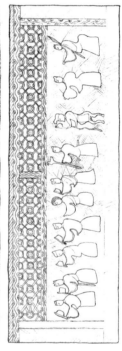

图三　石棺线图

图四　石棺拓片

图四 -1　石棺前档拓片

图四 -3　石棺左帮拓片

图四 -2 石棺后档拓片

身穿宽袖大袍，右手高举，左手置于腹前。第十人头戴冠，身穿宽袖大袍，右手高举，左手扛矛于肩头（图四-3）。

右帮 刻有边框，将图案分为上下两格，边框上装饰云气纹，左侧边框外装饰尖头胜纹。上格以云气纹带分为左右两格，左侧雕刻联璧纹，右侧雕刻柿蒂纹及联璧纹。下格为叙谈·出行·杂耍图。以两株树将画面分为三格，右侧为叙谈，草庐内雕刻三人，右侧人物头戴冠，身穿宽袖大袍盘坐于地上，左手举起，右手向后，身前摆放桌，桌上置一物，左侧雕刻两个人物，右侧人物赤裸上身跪于桌前，左侧人物头向后视，坐于右侧人物臀上，左手高举，右手向后，屋外左右各立一

图四-4 石棺右帮拓片

侍者，右侧侍者立发，身穿窄袖长袍，左手执便面，右手置胸前，左侧侍者头戴冠，上半身穿宽袖袍，露双腿，右手高举便面。中部为出行图，墓主人坐于马上，头戴进贤冠，身穿宽袖大袍，双手握马缰。马前仆人头戴冠，身穿宽袖大袍，右手高举便面，左手扛金吾棒置于肩上。马后侍者头戴帽，身穿窄袖短袍，露出小腿，右手拿钩镶，左手扛金吾棒置于肩上。左侧为杂耍图，二人头戴冠，身穿窄袖短衣长裤。右侧人物表演飞剑，左侧人物表演跳丸（图四-4）。在上下两格图像间的边框上雕刻有隶书铭文，漫漶不清，从右至左大致可辨识如下："故郡/文。""永兴/□年/□□/□□/作。杨/为祖/父杨/节□/佰岁/石樿。/长乐，/宜子/□。"（图五）

图五　石棺右帮铭文拓片

二、画像石棺年代

该石棺刻有"永兴□年"铭文，这为我们提供了其年代的线索。以永兴为年号者，历史上共有6次：第一次为东汉桓帝刘志年号（153～154年，共2年）；第二次为西晋晋惠帝司马衷年号（304～306年，共3年）；第三次为冉魏年号（350～352年，共2年）；第四次为前秦苻坚年号（357～359年，共3年）；第五次为北魏拓跋嗣年号（409～413年，共5年）；第六次为北魏孝武帝元修年号（532年，共1年）。其中冉魏、前秦、北魏五个永兴年号时期泸州均不属于其国疆域[1]。而西晋永兴年间，"太安元年……蜀郡太守徐俭以小城降……（太安）二年……（李）特开门内（李）雄，遂克成都"[2]，太安二年为西晋惠帝年号，即302年，西晋永兴元年，泸州已在成汉版图之内，应不会用西晋年号。

此外，棺上铭文字体与东汉《石门颂》书体一致，为典型东汉八分隶，画像中骑马墓主人所戴的进贤冠也为东汉进贤冠式样 [3]。

综合分析，该画像石棺的年代应为东汉永兴年间。

三、图像释读

在释读图像之前，我们首先需要弄清制作这些图像的目的。泸州地区的崖墓基本为单墓穴的家族合葬墓，由墓道、墓室、侧龛和后龛构成，墓室基本没有雕刻，墓室内埋藏人数少的一人，多的六七人，与乐山等地发现的有享堂的多室崖墓不同 [4]，且均处于山崖上，地势险要，在墓道外再修建祠堂的可能性不大。家人埋葬有先后，墓室时有开启，后过世的人埋葬的时候，后人必同时祭祀先人，基于这样的推测，则墓室不只是逝者安息的地方，亦是后人祭祀先人的场所，

1. 前档、左帮（东南→西北）　　2. 前档、右帮（西南→东北）

3. 后档（北→南）　　　　　　4. 右帮铭文

画像石棺的作用除了供死者安息，亦为后者缅怀先祖之用。

　　基于上述目的，画像的内容必然需要满足棺主人和祭祀者双方的需求。棺主人希望死后进入天界获得各方神灵的庇佑，继续享受荣华生活；祭祀者则希望长辈在成仙后仍能庇护家人，让子子孙孙都能享受现世的幸福生活。正如山东苍山元嘉元年画像石墓题记所说："立郭毕成，以送贵亲。魂零有知，怜哀子孙。治生兴政，寿皆万年。"[5]基于这两个目的，石工在根据当时社会宇宙观、信仰等多方面因素构建丧葬画像格套的基础上，会根据造棺者的不同需求量身定做每具石棺，这也就是为什么我们现在发现的画像石棺总会似曾相识又各不相同。前档上的天门、后档上的伏羲女娲、棺盖上的柿蒂，为格套的产物；而左右两帮各不相同的画像，则是造棺者的特殊偏好。基于这样的认知，这具石棺的画像内容就会变得更易于理解。

（一）三重宇宙

这具画像石棺有着与其他画像石棺相同的格套，描绘的同样是三重宇宙："宇宙、仙境和模仿人间的'幸福家园'。"[6] 棺盖上的柿蒂纹，如战国柿蒂纹铭文镜铭文："方华（蔓）长，名此曰昌。"[7]《说文解字·日部》："昌，一曰日光也，诗曰东方昌矣。"[8] 可见柿蒂纹是光明即天的表征，他们与后档手举日月的伏羲女娲，共同象征着汉人想象中的宇宙。棺盖前端的圆珠与棺身前档的双阙，则构成了一幅完整的天门图。类似图像在四川屏山县斑竹林遗址 M1 出土的画像石棺中亦有出现[9]。两阙为天门，圆珠为明珠，阙中所立侍者，即为大司，代表着仙境。棺身左帮是棺主人被簇拥着前往仙境的场景，右帮的叙谈出行杂耍图，则是棺主人生前幸福家园的再现和死后仙境生活的憧憬。

值得注意的是，棺身左右两帮的图像不是随意描绘而是精心设计的。左帮棺主人（第七人）高举鸠杖，体现了他生前最大的尊贵与荣耀——鸠杖之荣。鸠杖，据甘肃武威磨咀子汉墓"王杖诏书令"木简记载："高皇帝以来至本始二年，朕甚衰怜者老。高年赐王杖，第九上有鸠，使百姓望见之，比于节；吏民敢骂詈长者，逆不道；第十得出入官府节第，行驰道中；列肆贾市，毋租，比山东复。第十一。"[10]

"简文中汉宣帝出于对耆老的同情，实行王杖制度，杖首为鸠，其长九尺，凡年七十以上持鸠杖，相当于节，是权力的象征，可以自由出入官府，行走驰道；经商不征市税；像当年追随汉高祖打天下又定居于关中的关东吏民那样终身免除赋役。吏民如有'骂殴詈辱者'按'逆不道'罪论处"。[11] 由此可见，鸠杖之于棺主人是莫大的荣誉，即使死后也希望到仙境去继续享受这一尊荣。

此外，左右两帮图像中出现的夷人也是为了表现其尊荣的地位。《华阳国志·南中志》载："以夷多刚愎，不宾大姓富豪，乃劝令出金帛，聘策恶夷为家部曲，得多者奕世袭官。"[12] 可见，在那个时代，家中有夷人是非富即贵的表现。而棺主人希望在进入仙境后仍拥有富贵尊荣的心理，则以云气纹、胜纹这些代表仙境的纹饰加以烘托出来。

（二）孝文化

汉代以孝治天下，墓葬营造是其重孝传统的直接表现，正所谓"今生不能致其爱敬，死以奢侈相高，虽无哀戚之心，而厚葬重币者，则称以为孝，显名立于世，光荣著于俗"。[13] 对于子孙来说，为祖辈父母营造一个舒适豪华的仙境生活场景是其孝行的表现。

石棺上的画像，不仅仅是满足死者登入仙境永享荣华的心愿，亦是为了满足子孙(祭祀者)的孝行。石棺铭文虽较模糊，但大致可以看出其强调的是儿子的孝行，而画像的内容亦突出了"显名立于世，光荣著于俗"的彰显孝道的目的。前档双阙图像除了象征天门，也是对孝道的宣扬。《华阳国志·蜀志》载孝子吴顺的孝行曰："孝子吴顺奉母，赤乌巢其门。"[14] 图像双阙中央栖于枝上的鸟，正是"赤乌巢其门"的孝行表现。后档的伏羲女娲除了象征宇宙轮回，相交的双尾也象征着生殖繁衍，代代相传生生不息。孟子曰："不孝有三，无后为大。舜不告而娶，为无后也。君子以为犹告也。"[15] 繁衍子孙是孝行之最大者，期冀父母能保佑子孙永盛也是孝行的表现，正如王延寿《鲁灵光殿赋》所言："……忠诚孝子，烈士贞女，贤愚成败，靡不载叙，恶以诫世，善以示后。"[16] 子孙后代在祭祀时，通过这些画像，世世代代都可以了解祖辈过去的荣耀和家族对孝道伦常的恪守。

四、小结

综上所述，这具东汉永兴年间的画像石棺，是泸州画像石棺艺术发展到东汉晚期的一个模板，与之极为相似的画像石棺还有泸县一号石棺[17]，它们与延熹八年石棺[18] 共同构成了泸州东汉晚期画像石棺的风格面貌，对于泸州及周边长江流域画像石棺的分期研究具有重要意义，相信将画像石棺纯粹的图像研究转为内容组合的综合研究，将有助于我们了解泸州及周边地区画像石棺的发展脉络，进而理清这一地区的丧葬文化史。

（本文写作过程中得到了龙马潭区文物保护管理所赵琼、泸州市博物馆晏满玲、杨杰、曾慧英、钟晓波等的帮助，谨致谢忱！）

注释

[1] 谭其骧主编：《中国历史地图集·东晋十六国、南北朝时期》，第7、9页，中国地图出版社，1982年。

[2]《晋书》卷一二0《李特载记》，第3027页，中华书局，1982年。

[3] 孙机：《中国古舆服论丛》，第165页，文物出版社，2001年。

[4] 霍巍、黄伟：《四川丧葬文化》，第128页，四川人民出版社，1992年。

[5] 山东省博物馆、苍山县文化馆：《山东苍山元嘉元年画像石墓》，《考古》1975年第2期。

[6] [美]巫鸿著，施杰译：《黄泉下的美术——宏观中国古代墓葬》，第31页，三联书店，2010年。

[7] 李零：《"方华蔓长，名此曰昌"——为"柿蒂纹"正名》，《中国国家博物馆馆刊》2012年第7期。

[8]（汉）许慎撰，（清）段玉裁注：《说文解字注》七篇上《日部》，第306页，上海古籍出版社，1981年。

[9] 四川省文物考古研究院等：《四川屏山县斑竹林遗址M1汉代画像石棺墓发掘报告》，《四川文物》2012年第5期。

[10] 武威县博物馆：《武威新出王杖诏令册》，甘肃文物工作队、甘肃博物馆编：《汉简研究文集》，第36页，甘肃人民出版社，1984年。

[11] 臧知非：《"王杖诏书"与汉代养老制度》，《史林》2002年第2期。

[12]（晋）常璩撰，刘琳校注：《华阳国志校注》卷四《南中志》，第357页，巴蜀书社，1984年。

[13]（汉）桓宽撰，王利器校注：《盐铁论校注》卷六《散不足》，第354页，中华书局，1987年。

[14]（晋）常璩撰，刘琳校注：《华阳国志校注》卷二《蜀志》，第286页。

[15]（清）焦循撰，沈文倬点校：《孟子正义》卷七《离娄章句上》，第473页，中华书局，1987年。

[16]（梁）萧统选编，（唐）吕延济等注，俞绍初等点校：《新校订六家注文选》卷一一《宫殿》，第723页，郑州大学出版社，2013年。

[17] 高文主编：《中国画像石棺全集》，第327页，三晋出版社，2011年。

[18] 高文主编：《中国画像石棺全集》，第321页。

——《四川文物》2015年第3期

审美取向与时间表征

——四川宋代画像石室墓的花卉石刻

赵兰

摘要： 四川宋代画像石室墓墓葬装饰主流题材之一的花卉图像，具有写实、图景化的形式特征，其流行原因之一源于宋代花事的兴盛，是爱花插花风尚和宋代"雅致"审美在丧葬之中的反映，同时，其在画像石室墓中承载了类似"一年景"图像的功能，以不同季节花卉附着于同一载体的形式，在具备象征意义墓葬装饰图像配置模式所营造的逝者永享供奉空间中，表征时间的轮转永续。

关键词： 图像配置；审美；供奉；时间

画像石室墓是四川地区宋代一种重要的墓葬形式，宋代先民将各种图像以剔地起突高浮雕、压地隐起浅浮雕、减地平钑浅浮雕、阴线刻等技法雕琢于石材之上，并按照较为固定的配置格局将带雕刻的石材组合起来，构建承载诸多象征内涵的墓葬，其雕刻图像题材丰富，可见武士、四神、侍者、花卉、祥禽瑞兽、墓主人、空椅、屏风等多种。花卉图像作为传统装饰图像系统中一个重要类别，在宋代发展至极为兴盛的阶段，以石刻为载体，形成了四川地区宋代画像石室墓中极具特色的一类装饰题材。

一、花卉石刻的形式及形式特征

宋画像石室墓花卉图像主要有三种表现形式：瓶插花卉、折枝花卉和缠枝花卉。在经科学调查和发掘已公布材料的 154 座四川宋代画像石室墓中，出现花卉石刻的为 79 座，包括瓶插花卉 27 例，折枝花卉 48 例，缠枝花卉 30 例，其中瓶插＋折枝＋缠枝组合为 4 例，瓶插＋折枝组合为 8 例，瓶插＋缠枝组合为 9 例，折枝＋缠枝组合为 12 例，单出现折枝为 22 例，单出现缠枝为 6 例，单出现瓶插为 6 例。瓶插花卉通常见于后龛或后龛旁（图一）[1]，两壁正中、侧壁龛正中或龛旁，一般在中心位。还有一种较为特殊的是出现在侍者或飞天的手中（图二）[2]。折枝花卉分两种，一种为主体图像的大折枝花卉，多见于侧龛或后龛，通常在假门、屏风的格眼处或障水板（图三）[3]。另一种为规模较小的装饰用折枝花卉，多见于门侧、台基、横额、束腰、壶门、藻井、过梁等位置（图四）[4]；缠枝花卉则主要出现在假门腰华板、龛基或龛楣、立柱、藻井、过梁或壁基处（图五）[5]。

0   50 厘米

图一　华蓥安丙墓 M5 后龛旁瓶插花卉

图二　泸州市博物馆藏石刻（03312）飞天手中瓶插花卉

图四　泸县奇峰镇二号墓假门格眼大折枝花卉

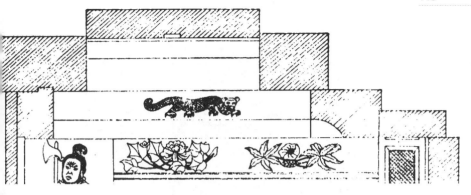

图三　广元河西杜光世墓西室过梁小折枝花卉

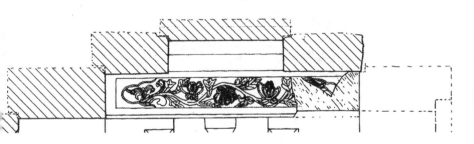

图五　贵州桐梓马鞍山观音寺宋墓群 M2 侧壁过梁处缠枝花卉石刻

　　写实和图景化的构图是四川宋代画像石室墓花卉石刻的
两大形式特征，其源头都与宋代绘画艺术的影响有关。无论
是作为衬托型装饰纹样出现在构件上的缠枝花卉，还是作为
图像主体出现的瓶插花卉和折枝花卉，大多采用对生活中存
在的花卉原形高度模仿再现的写实手法来表达，而鲜有凝练
化、抽象化的表现方式。宋代绘画极重写实，韩琦在《稚圭
论画》中曾论"观画之术，唯逼真而已，得真之全者绝也，

图六　泸州市博物馆石刻（L0024）

得多者上也，非真即下也"[6]。画家们讲究对绘画客体细致入微的观察和高度形似逼真的表现，如曾云巢对草虫观察入微[7]，笔触生动的易元吉"尝游荆湖间，入万守山百余里，以觇猿狄獐鹿之属，逮诸林石景物，一一心传足记"[8]。这种高度写实下所产生的宋代花鸟画亦影响了四川宋代画像石室墓花卉石刻的图景化表现手法，即"配景"，花卉植物元素往往不是孤立地存在，而是与各种搭配的因素一起，如雀与花卉、瑞兽与花卉共出于同一画面，形成一幅如宋代花鸟画的图景（图六）[9]。

二、花卉石刻品种选择与使用差异观察

花卉石刻所见花卉品类繁多，不仅可见牡丹、莲花、芙蓉、水仙、月季、梅花、桂花、秋葵、桃实、松、竹等全国范围内宋墓植物装饰图像常见品种，还描绘了蜀葵、银杏等地方特色植物，在出现花卉图像的 79 座画像石室墓中，牡丹为 41 例，莲花为 24 例，菊花为 13 例，花卉品种似仍以此三种为主流。《泸县宋墓》将四川地区的画像石室墓分为了川西、川中、川东及川南四个集中分布区域[10]，因黔北地区从墓葬形制、装饰图像等方面都与川南地区极为相似，且地理位置相邻，故将黔北地区的宋代画像石室墓也归入至川南这一区作为"川南—黔北区"进行讨论。从区域上来看，此四区域的宋画像石室墓中都出现了花卉石刻，其形式皆包括瓶插、折枝和缠枝诸种，就品种而言，上述的各种花卉俱有发现，广泛分布于此四区域，唯有忍冬花作为特色花卉品种频繁见于黔北宋代画像石室墓中。

就时代而言，按赵忠波对四川宋墓的分期，第三期（淳熙元年至南宋末年，即 1174～1279）为画像石室墓最为发达阶段，此期早段为淳熙元年至绍定六年（1274～1233），晚段为端平元年至宋末（1234～1279），早段之中，画像石室墓多仿木结构和石刻，晚段则结构简单，呈衰落之势[11]。以此分期对宋画像石室墓花卉石刻进行观察，早段之前，花卉石刻已经出现在川中区的画像石室墓中，品种皆为牡丹，形式以瓶插和折枝为主，主要出现在墓主像身侧[12]、后龛等醒

目位置 [13]。早段内，石刻中所见花卉品种大大丰富，一墓之中常见多季花卉共出，瓶插和折枝通常出现在墓主像身侧、后龛和侧龛假门格眼，缠枝多见于建筑构件如过梁、横梁、壁基等处，作为点缀和衬托主体图像而存在，而品种中最主流的除牡丹仍独居首位外，莲花和菊花紧随其后。在石室墓呈衰落趋势的晚段，花卉石刻在墓葬中依然占据重要位置，这一时期中，除了多季花卉共出的现象仍明显，牡丹、莲花和菊花仍为品种主流外，新见的品种忍冬花在黔北区的墓葬中大量出现。

就花卉石刻的使用而言，从墓主的社会等级上，有安丙这样的高级品官 [14]，也有泸县奇峰一号墓这样的平民 [15]；从墓主性别而言，有女性的，也有男性；在宗教信仰上，有仪陇新政镇宋墓的僧人 [16]、有佛教信众如广元河西杜光世墓杜妻 [17]，也有道教信众如广元〇七二医院宋嘉泰五年杂剧石刻墓王再立、郑氏 [18]，以及广大的无信仰背景的一般民众，可以看出，花卉石刻使用似乎并不存在严格的社会等级限制、性别区别和宗教信仰差异，而是作为一个重要的主题，广泛存在于四川地区宋画像石室墓中，并贯穿了宋画像石室墓从兴起到逐渐衰落的全过程，而在整个过程之中，牡丹、莲花和菊花则是花卉石刻中最具有影响力的题材。

三、花卉石刻兴盛原因

四川宋画像石室墓花卉石刻盛行，其原因之一应源于宋代花事的兴盛。在宋代，各种关于花的专论大量出现，周师厚《洛阳花木记》、欧阳修《洛阳牡丹记》、王观《扬州芍药谱》、刘蒙《刘氏菊谱》、史正志《史氏菊谱》、范成大《范村梅谱》《范村菊谱》、史铸《百菊图谱》、赵时庚《金漳兰谱》、陈思《海棠谱》等论花之书，不仅对各类花卉详细记载、定品，还讲述了品花、赏花、种花之法，收录咏花的诗词文章，记载各种爱花逸事。同时，鲜花的栽种和保养技术也取得了较大的进步。温革《分门琐碎录》中记载了种花、接花、浇花之法，讲述各种花木禁忌，连医花、染花之术也有所论及。对于插花之术，更是细化到了以类相别，各论其详 [19]。插花技术的发展进一步推动了插花之风的盛行，宋画像石室墓中出现大量的瓶插花卉图像正是其时风尚在丧葬之中的一个反映。

此外，宋画像石室墓花卉石刻，亦是宋代"雅致"审美的投影。无名氏《南歌子》中咏道："阁儿虽不大，都无半点俗。窗儿根底数竿竹。画展江南山景、两三幅。彝鼎烧异香，胆瓶插嫩菊。悠然无事净心目。共那人，人相对、弈棋局。" [20] 可见，在宋人的审美内涵里，一个雅致的空间，须有竹、有画、有香、有花，插花是表达风雅必不可少的元素。上海朵云轩藏《寒窗读易图》中的书房，[21] 外有数杆竹，案有小瓶，斜插疏梅几枝，正是《南歌子》中"无半点俗"的雅致空间的具现。插花不仅出现在宋人书斋雅室，此喜好还向外辐射影响了辽金。山东高唐金代虞寅墓壁画上，主人客室以瓶插花卉作为饭桌装饰 [22]，山西长子县石哲金代壁画墓，门边的侍女捧瓶奉花等候主人[23]，乃至元代，内蒙古昭盟赤峰三眼井元墓壁画上，酒帘高挑书写"春风馆"的酒肆中，也可见曲足花几上摆放着瓶插花卉[24]。从雅致的书香空间到日常的饭桌、市井的酒肆，从南方到北方，从辽宋到金元，插花作为人们审美活动中一个重要主题，装点了社会生活的方方面面。

陈景沂《全芳备祖》中"花部"虽以梅花为冠，但从四川宋代画像石室墓花卉图像看，牡丹、莲花和菊花是主流，就全国范围而言，这些花卉仍是宋墓装饰中重要的主题，先民对它们的喜好与推崇应与其所承载的象征内涵有关。牡丹在四川宋墓石刻中独具地位，一个重要原因应在于洛阳牡丹传入四川后的迅速发展。南宋时，四川天彭牡丹兴起，陆游《天彭牡丹谱》中所载牡丹六十余种，大多源自洛阳："淳熙丁酉岁，成都师以善价私售于花户，得数百苞，驰骑取之，至成都露犹未晞，其大径尺。夜宴西楼下，烛熖与花相映，影摇酒中，繁丽动人。"[25]人们对牡丹之好，并非单纯因花朵雍容美好而加以欣赏，《宣和画谱》的《花鸟叙论》中论道："故花之于牡丹、芍药，禽之于鸾凤、孔翠，必使之富贵。而松竹梅菊、鸥鹭雁鹜，必见之幽闲。"[26]可见，牡丹是与富贵相连之花，除了本身的悦目之外，其所具有的富贵含义亦应是人们钟爱牡丹进而将这种喜好延伸至墓葬装饰中的原因。

菊与莲花这类题材则是被托物言情地表达了宋代士大夫阶层所提倡的精神品格和审美取向。《史氏菊谱》称："菊性介烈高洁，不与百卉同其盛衰，必待霜降草木黄落，而花始开。"[27]《刘氏菊谱》将其和屈原、陶渊明联系在一起："陶渊明乃以松名配菊连语而称之，夫屈原、渊明寔皆正人达士，坚操笃行之流，至于菊犹贵重之如此，是菊虽以花为名，固与浮冶易坏之物不可同日而语也。"[28]认为菊具有超然地位而非其他花木可比拟，《范村菊谱》则盛赞其花如幽人隐士之操行、同医国庇民之君子之道："山林好事者或以菊比君子，其说以谓岁华婉娩，草木变衰乃独烂然秀发，傲睨风露，此幽人逸士之操，虽寂寥荒寒中，味道之腴，不改其乐者也。……使夫人者有为于当年，医国庇民，亦犹是而已。菊于君子之道，诚有臭味哉。"[29]显然，在宋人对花木内涵的阐释中，菊花被赋予了刚正坚韧、隐逸超然的基因，高度吻合了宋代士大夫所追求的精神内核。而对于莲花的偏好，一方面应是来源于莲花在佛教之中象征佛果的宗教含义，另一方面也因其被赋予的精神内涵："出淤泥而不染，濯清涟而不妖，中通外直，不蔓不枝，香远益清，亭亭净植，可远观而不可亵玩焉。"[30]《爱莲说》可谓淋漓尽致地道出了宋人眼中莲花所具有的高洁、坚贞的美好品质。

花卉石刻在四川宋代画像石室墓中的盛行原因之二应与其功能有关。宋代先民生时对花的喜好来自花卉的悦目和以花寄情，但在宋代画像石室墓中的花卉，除了对生时寄情与悦目功能的延伸之外，最重要的应还是花卉与其他图像因素一起，共同为墓主营造起一个永享供奉的安稳空间。在四川宋代画像石室墓中，花卉图像的共出题材存在着一定的配置规律：武士通常居于墓门处、四神按照左青龙、右白虎、前朱雀、后玄武配置在墓室四方，侍者或在后龛与墓主或空椅、屏风、假门共出，或在侧壁，皆做备侍状，启门、空椅和屏风则通常配置在墓室后壁这样的中心位，形成了较为稳定的装饰图像组合[31]。古人选择这些图像并以一定规律将其配置在石室墓中，其目的应首先是为墓主创造享受供奉的空间，这个空间中有代表墓主的墓主人像及其同性质的象征物如牌位、空椅等，有瓜果花卉的供奉，有可供观赏的乐舞杂剧，有长随身边的侍者，而更进一步需要考虑的就是如何让这个复制了人间享受和供奉的墓葬空间安稳、永固，使墓主能够永享？

考察其空间中的图像配置，武士和四神被用以表征空间永固，花卉图像则被用以象征时间轮转永续。苏轼曾论及蜀人墓葬："生者之室，谓之寿堂，以偶人被甲执戈，谓之寿神以守之，而以石瓮塞其通道。"[32]画像石室墓墓门处的武士应即是苏轼所论之"寿神"偶人在石刻上的表现，在墓葬中披坚执锐守护墓葬、保卫墓主。四神的作用通过考察四川宋代画像石室墓中出土的买地券可知："西至青龙，东至白虎，北至朱雀，南至玄武，上至苍天，下至黄泉……□黄泉一切诸神不得夺抢，急急如律令！"[33]四神在此起到了界定墓葬空间之用，即将狭窄有限的墓葬，扩展到了以四神为代表的东西南北四方界限内广大的世界，规定这个由四神来划定的界限中，是专属于墓主的领域，并上告皇天后土以地契的形式立约为定，此领域受契约保护，其他任何神、人、事物不得侵犯抢夺。

花之富贵者牡丹，花之隐逸者菊，花之君子者莲，此三类四川宋画像石室墓花卉石刻中最受喜爱的主题，除了富贵、隐逸、高洁之喻，作为春夏秋冬各季最具代表性的时令花卉，应亦有表达时间轮转的含义。陆游《老学庵笔记》载："靖康初，京师织帛与妇人首饰衣服，皆备四时，图节物则春幡、灯球、竞渡、艾虎、云月之类，花则桃杏花、荷花、菊花、梅花，皆并为一景，谓之一年景。"[34] 类似于"一年景"这种将不同季节花卉附着于同一载体之上的装饰形式，不仅出现在如陆游所记之首饰衣服上，亦装饰于器皿（图七）[35]，在四川宋代画像石室墓花卉石刻中也可找到痕迹：或以一块石刻为载体，如泸州市博物馆馆藏 02711、02712，或以整座墓葬为载体，如华蓥安丙墓等[36]；其花卉组合或是以牡丹、菊花以示春秋，

图七　彭州金银器窖藏 CPJ:172 "一年景" 纹样

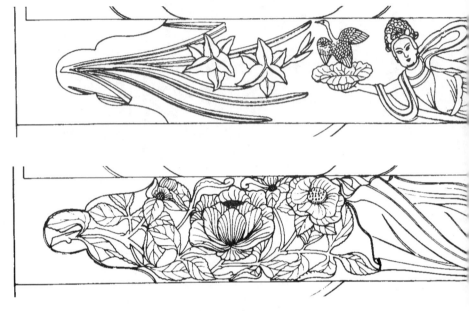

图八　泸县宋墓 2001SQM1:12、2001SQM1:13 四季花卉石刻

或是以牡丹、蜀葵、莲花、菊花、芙蓉代表三季，更有如泸县宋墓两块成组的飞天石刻2001SQM1:12、2001SQM1:13（图八）[37]，以牡丹、莲花、芙蓉、水仙象征四季，而罕有出现仅反映单一季花卉的情况。华蓥安丙家族墓群中还用各季时令瓜果与花卉一起表示季令，以石材为载体，在画像石室墓中再现了一派四季轮转、春华秋实盛景（图九）[38]。四川宋代画像石室墓花卉石刻不仅是宋代先民现实生活中爱花习俗的投影和在墓葬中的延伸，其存在于宋画像石室墓稳定的图像组合中，更寄托着墓主能永享供奉的祈望。代表守护的武士和界定四至的四神象征着四方空间的永固，祥禽瑞兽表征

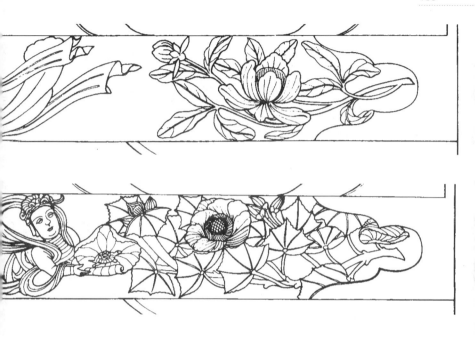

吉祥，伎乐杂剧、侍者侍奉、出行市集等题材代表着人世生活方方面面在另一个世界的延续，以石刻为载体绚烂于墓葬中的花卉，四季共存常开不败，则寓意着时间的轮转永续，从而以时间和空间的永存不朽为墓主构筑起一个永享供奉的死后世界。

注释

[1] 四川省文物考古研究院等编著：《华蓥安丙墓》，第134页，文物出版社，2008年。

[2] 泸州市博物馆馆藏03312。

图九　华蓥安丙家族墓M5壁基四季花卉瓜果石刻

[3] 四川省文物考古研究所等编著：《泸县宋墓》，第93页，文物
　　出版社，2004年。

[4] 四川省博物馆、广元县文管所：《四川广元石刻宋墓清理简报》，
　　《文物》1982年第6期。

[5] 贵州省文物考古研究所、桐梓县文物管理所：《贵州桐梓县马鞍
　　山观音寺宋墓清理简报》，《江汉考古》2013年第4期。

[6] 俞剑华编著：《中国古代画论类编》，第40页，人民美术出版社，
　　2004年。

[7] （宋）罗大经著，孙雪霄校点：《鹤林玉露》卷六，第207页，
　　上海古籍出版社，2012年。

[8] （宋）郭若虚著，米水田译注：《图画见闻志》卷四，第159页，
　　湖南美术出版社，2000年。

[9] 泸州市博物馆馆藏石刻L0024。

[10] 四川省文物考古研究所等编著：《泸县宋墓》，第133~135页。

[11] 赵忠波：《从葬制葬俗变革看社会变迁》，第33~34页，硕士

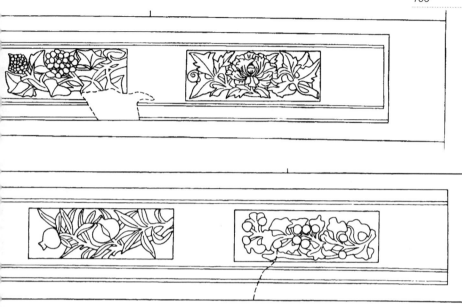

学位论文，四川大学，2007年。

[12] 莫洪贵：《仁寿县古佛乡宋墓清理简报》，《四川文物》1992
年第5期。

[13] 四川省文物考古研究所、邻水县文物保护管理所：《邻水县合
流镇后坝南宋墓清理简报》，《四川文物》2003年第3期。

[14] 四川省文物考古研究院等编著：《华蓥安丙墓》，第134页。

[15] 四川省文物研究所等编著：《泸县宋墓》，第93页。

[16] 仪陇县文物管理所：《四川仪陇县新政镇宋代石室墓清理简报》，
《四川文物》2013年第5期。

[17] 四川省博物馆、广元县文管所：《四川广元石刻宋墓清理简报》，
《文物》1982年第6期。

[18] 廖奔：《广元南宋墓杂剧、大曲石刻考》，《文物》1986年第12期。

[19] 化振红：《分门琐碎录校注》，第133页，巴蜀书社，2009年。

[20] 唐圭璋编：《全宋词》，第5册，第1051页，中华书局，2009年。

[21] 扬之水：《终朝采蓝：古名物寻微》，第44页，三联书店，2008年。

[22] 聊城地区博物馆：《山东高唐金代虞寅墓发掘简报》，《文物》1982年第1期。

[23] 山西省文物考古研究所晋东南工作站：《山西长子县石哲金代壁画墓》，《文物》1985年第6期。

[24] 项春松、王建国：《内蒙昭盟赤峰三眼井元代壁画墓》，《文物》1982年第1期。

[25]（宋）陆游：《渭南文集》卷四二，四川大学古籍研究所：《宋集珍本丛刊》，第47册，第675页，线装书局，2004年。

[26]（宋）无名氏著，俞剑华注译：《宣和画谱》卷一五，第321页，江苏美术出版社，2007年。

[27]（宋）史正志：《史氏菊谱》序，文渊阁《四库全书》本，第845册，第21页，（台北）商务印书馆，1986年。

[28]（宋）刘蒙：《刘氏菊谱》序，文渊阁《四库全书》本，第845册，第18页。

[29]（宋）范成大：《范村菊谱》序，杨林坤等编著：《梅兰竹菊谱》，第199页，中华书局，2010年。

[30]（宋）周敦颐著，陈克明点校：《周敦颐集》卷三，第51页，中华书局，1990年。

[31] 四川省博物馆、广元县文管所：《四川广元石刻宋墓清理简报》，《文物》1982年第6期。

[32]（宋）苏轼著，张志烈等校注：《东坡志林》卷七，《苏轼全集校注》，第19册，第7397页，河北人民出版社，2010年。

[33] 曾清华：《井研县北宋黄念四郎墓清理简讯》，《四川文物》2002年第1期。

[34]（宋）陆游：《老学庵笔记》卷二，第27页，中华书局，1979年。

[35] 成都市文物考古研究所、彭州市博物馆：《四川彭州宋代金银器窖藏》，第67页，科学出版社，2003年。

[36] 四川省文物考古研究院等编著：《华蓥安丙墓》，第134页。

[37] 四川省文物研究所等编著：《泸县宋墓》，第131~135页。

[38] 四川省文物考古研究院等编著：《华蓥安丙墓》，第130页。

泸州宋代武士石刻

邹西丹

近年来，随着大量宋代石刻的出土、《泸县宋墓》的出版，以及泸县宋墓被定为全国重点文物保护单位等一系列事件的影响，泸州宋代石刻得到越来越广泛的关注。作为具有极高历史及艺术价值的珍贵文物，包括武士、侍女、青龙等丰富内容的泸州宋代石刻，蕴含了淳厚的文化底蕴，是泸州宋代社会风俗、艺术审美取向的直观体现。但多年来研究的匮乏，使这些珍贵文物的文化内涵尘封于历史而无以为知，亟需发掘和整理。本文笔者选取这些珍贵石刻中的武士形象，从服饰特征出发，寻找和总结特点，为以后更为深入的研究奠定基础。

一、武士形象类型

泸州宋代武士石刻出土于仿木结构的石室墓中，位于墓门左右两侧门柱上（图一），在丧葬意义上扮演着镇墓守门的角色，又可称为神将，在整个丧葬体系中占据着举足轻重

图一 武士石刻位置关系

的地位。

　　目前泸州地区各文管所收藏了宋代武士石刻百余件，这些石刻大小各异，矮的几十公分，高的达两米多，雕刻表现手法多样，除绝大多数为男性武士外，还有六件为女性武士，使这一类型的石刻更为精彩纷呈，下面分别予以阐述。

（一）男性武士

　　除了常见的怒目圆睁的威武形象，男性武士还有温文尔雅的儒雅形象，雕刻精致大气。武士们头戴鍪，身穿甲，手持兵器，脚蹬祥云，个个英姿飒爽。依据头鍪样式的不同，可以分为头戴兜鍪、冠和幞头三种。

　　1. 戴兜鍪的男武士形象

　　戴兜鍪的武士形象在目前发现的石刻中约占九成半，是非常典型的宋代武士形象。兜鍪由头鍪和顿项组成，样式繁杂，装饰各有不同。因头鍪和顿项制作方式、材料和组合装饰等的不同，又可以分为以下三种。

（1）头鍪左右两侧为夸张的凤翅装饰，凤翅向两侧张开，鍪顶装饰红缨，顿项位于耳后。泸县石桥镇新屋嘴村一号墓出土的武士石刻可以概括出这种武士的着装特点（图二），该武士头鍪凤翅形护耳向两侧张开，下沿隐隐露出的顿项披

图二　泸县石桥镇新屋嘴一号墓执剑武士（出自《泸县宋墓》第101页，图八八）

图三　泸县福集镇针织厂二号墓执斧武士（出自《泸县宋墓》第103页，图九一）

于肩后，头顶装饰缨饰一束，身着两裆甲，内衬宽袖战袍，两臂有披膊，小臂着臂鞲，护腰前面刻兽面，腰部裹绦带，绦带于腰后下垂飘至脚部，下身着甲裙，甲裙下沿饰铃铛和缨饰，内着宽口裤，用帛带绑缚，足穿靴。这类武士整体着装风格华丽，威风凛凛，装饰繁缛，可能为礼仪性着装。

（2）头鍪与顿项连为一体，有的有小型凤翅形护耳，有的没有，有的顿项向上卷起。以泸县福集镇针织厂二号墓出土的武士石刻为例（图三），该武士头戴头鍪与顿项连为一体的兜鍪，兜鍪上装饰小的凤翅形护耳，肩部披巾结于胸前，身穿铠甲，着披膊和臂韝，护腰外束革带，窄袖袍服下沿露出双腿宽裤，束于长靴内。而泸县牛滩镇玉峰村施大坡二号墓的武士（图四）则顿项向上翻起，头顶缨饰从中向左右分开，身穿袍式铠甲，肩披长巾，巾角系结于胸前，铠甲的甲裙长至脚踝处，铠甲内穿圆领战袍，腰束带，脚着靴。这类武士整体着装风格简单紧凑，轻便易行，可能为日常性着装。

图四　泸县牛滩镇玉峰村施大坡二号墓执剑武士（出自《泸县宋墓》第 109 页，图一〇一）

图五　合江县文管所收藏戴皮胄武士

图六　合江县文管所收藏戴虎形鍪武士

（3）动物形头鍪、皮胄等异形兜鍪。以合江文管所所藏的两件武士为例，其中一件执斧武士头戴皮胄（图五），样式与汉代皮胄基本相同，身着交领宽袖长袍，右手袖口系结，腰系带，双手握斧；另一件执剑武士头戴虎形鍪（图六），连有顿项，身着窄袖圆领长袍，腰系束腰，颈后插旗。此外，泸州市文管所收藏的一件石刻上的武士（图七），所戴的头鍪为胡人的浑脱帽，头鍪前端翘起，装饰花纹，顿项卷起，绦带系于颏下，在耳侧飘起，内着铠甲，外罩小袖翻领长袍，腰束捍腰，系帛带飘于两侧，脚着软锦靴，腰挎剑囊，双手握骨朵，这类武士整体服饰完全为胡服风格。

2.戴冠的男武士形象

这一类型武士头戴冠，身着铠甲或袍服。以泸县青

图七 泸州市文管所收藏戴浑脱帽武士

龙镇二号墓出土武士石刻为例（图八），左侧武士头戴束发冠，蓄长须，对半分于脸颊左右两侧，身披铠甲，甲的下缘长至腹下，无腿裙，肩披披膊，胸前系带结于左右两侧，双袖上挽露出小臂所缚肩膊，腰系革带，上挽一飘带垂于腰前，足着"v"形口长靴。

图八 泸县青龙镇二号墓执剑武士（出自《泸县宋墓》第35页，图二九）

图九　泸县牛滩镇滩上村二号墓执骨朵武士
（出自《泸县宋墓》第 112 页，图一〇五）

3. 戴幞头的男武士形象

目前所知的这一类型的武士形象所戴的幞头样式有交角幞头、包头幞头及头巾三种。泸县牛滩镇滩上村二号墓的武士戴交脚幞头（图九），幞头前额饰白鹤及花卉图案，着圆领内衣，两当甲，外披圆领窄袖战袍及护腰，护腰上装饰花卉图案，护腰上系玉带，以方形、菱形及圆形玉片为饰，玉带内扎帛带，垂于左右两侧。甲裙及膝露出袍外，甲裙下所着宽口裤用带系扎，脚蹬及脚踝短靴，上饰如意纹。整体着装华丽精致，为典型的仪卫着装。

　　泸州市文管所收藏的两件武士石刻（图十），武士头部整体被巾帻包裹，头顶露出发髻，身穿圆领小袖及膝袍。合江县文管所收藏的两件武士石刻（图十一），则头顶束发髻，裹纱巾，身穿交领大袖袍服，戴臂鞲，脚蹬长靴，宽口袴束于靴内。

图十　泸州市文管所藏戴包头幞头武士　　图十一　合江县文管所藏戴头巾武士

图十二　牛滩滩山村三号墓持斧女武士
（出自《泸县宋墓》第 113 页，图一〇七）

（二）女性武士

现有的六件宋代女性武士石刻中，有四件出土于泸县牛滩镇滩上村一、三号墓，有两件藏于泸州市文管所。六位女武士所戴头鍪样式与男武士有很大的区别，其中三位戴四方或六方瓦楞帽，角端翘起，为胡族所常戴，如牛滩滩山村三号墓的持斧女武士（图十二），头绾发髻，戴四方瓦楞帽，帽下沿两侧有带系于颈下，帽顶装饰花纹图案及缨饰，身穿两当甲，着护膊并在接近肩部处刻成兽头状，缚臂韝。铠甲

泸州文博论坛精粹

外罩窄袖圆领战袍，战袍罩于右臂而露出左臂护膊臂鞲。腰束护腰系玉带，饰帛带飘于左右两侧。甲裙下沿露出双腿宽口裤，脚穿花靴。

滩上村一号墓出土的执鞭女武士则头戴虎头形兜鍪（图十三），以虎头为鍪爪为顿项，鍪顶饰"王"字和缨饰，身着铠甲，下着甲裙，铠甲外罩窄袖敞胸翻领战袍，腰束护腰革带。

图十三　泸县滩上村一号墓执鞭女武士
（出自《泸县宋墓》第114页，图一一〇）

图十四　泸州市文管所藏执斧女武士

泸州市文管所所藏两件女武士所戴头鍪类似于花冠，其中一件执剑女武士，头戴花形鍪，两侧护耳呈卷草形，着窄袖长袍，肩罩花形肩巾，腰系护腰及革带，革带上束帛带飘于两侧，右手挂宝剑行交手礼，整体形态端庄娴静。另一件执斧女武士头鍪样式与执剑女武士相同，而身着大袖翻领长袍，袖口打结飘于身后，双手握斧，显的英姿飒爽、威风凛凛（图十四）。

二、雕刻技法及艺术风格

因墓葬所建年代社会经济、工匠、审美情趣等的差异，这些武士石刻在图像的处理上存在着很大的差异，有的精细，有的粗劣，总体上在开凿出整块条石后，先对石材表面进行打磨处理，使表面光滑平整，然后绘制图案进行雕刻，有的完成后还在表面施以彩绘，使画面更为生动。

在进行武士石刻雕刻时使用了以下几种雕刻技法：

1.阴线刻：又称"平面阴线刻"，其物象与石面均在同一个平面上，目前仅发现两件。多用在武士的细部表现如衣纹上。2.剔地浮雕：先将石面剔刻成龛形，再在龛内浮雕出武士形态。3.浮雕：这类雕刻技法运用最多，浮雕或高或底，高的达五公分以上，底的一两公分。4.半立雕：接近于立体的圆雕，凸起部分高达十公分以上。总的来说，上述几种雕刻技法中以浮雕局部结合阴线刻最为常见。

在艺术风格上，艺术与写实并存，人物或正立或十分之三侧立，强调动感，耳侧和腰侧飘逸的帛带，脚下踩踏的祥云及怪兽的造型特点，充分借鉴佛教天王造像技巧，构图主体鲜明、模式化。

三、渊源与文化特色

（一）渊源

武士形象在墓葬中的出现相当的早，因时代的不同而各有特点，又因载体的不同或写实或夸张，泸州宋代武士石刻艺术形态与其他四川地区宋墓出土的武士石刻基本一致，在雕刻手法及艺术风格上一脉相承[1]，整个四川地区的宋代武士石刻艺术形态早在唐代就已成熟，我们在陕西碑林博物馆收藏的两件唐代天王造像上（图十五），就可看到这种造型的影子。四川及泸州地区的宋代武士石刻是佛教造像艺术发展的结晶，泸州宋代武士石刻艺术的鼎盛并非凭空产生，而是对前代造型艺术的继承与发展。

（二）文化特色

从目前的纪年资料看[2]，泸州地区的宋代武士石刻多为南宋中晚期，与四川其他地区出土的武士石刻时代基本相同，属于同一艺术风格产品，泸州宋代石刻是四川地区石室墓雕刻艺术的代表性作品，在表现内容及手法上较其他地区更为丰富多彩。

1.泸州地区武士们的着装，绝大多数样式讲究，装饰繁复，除了我们熟悉的头鍪铠甲样式，还有翻领小袖长袍、浑脱帽、软锦靴等胡人服饰的踪影，较同时出土的侍女及侍者服饰更为斑斓多彩，可见在当时的社会背景下，战争促使军事武装迅速发展，而崇尚胡服的风气也深入社会每一个层面。

2.女性武士曾在彭山县南宋夫妇合葬墓中出土两件，广元宋代石室墓中出土两件[3]，这四件女性武士石刻均出土于夫妻合葬墓中的女墓主人墓室内，泸州地区出土的六件女性武士均为征集，墓葬及墓主人的情况不甚了解，从这一现象看，

图十五　陕西碑林博物馆收藏的两件唐代天王造像
（出自《隋唐人物雕刻艺术》第 216 页）

富贵家的女主人可能以女婢为贴身侍卫，保卫其安全，而这些武士石刻的雕刻并非凭空想象，是根据墓主人家的情况来进行的，这与宋代事死如生的丧葬观念也是相符的。

注释

[1] 四川省博物馆、广元县文管所：《四川广元石刻宋墓清理简报》，
　　《文物》1982 年第 6 期；四川省文物管理委员会、彭山县文化馆：
　　《南宋虞公著夫妇合葬墓》，《考古学报》1985 年第 3 期。

[2] 四川省文物考古研究所、成都市文物考古研究所、泸州市博物馆、
　　泸县文物管理所：《泸县宋墓》，文物出版社，2004 年。

[3] 四川省文物管理委员会、彭山县文化馆：《南宋虞公著夫妇合葬
　　墓》，《考古学报》1985 年第 3 期；四川省博物馆、广元县文管
　　所：《四川广元石刻宋墓清理简报》，《文物》1982 年第 6 期。

——《四川文物》2008 年第 2 期

四川合江县 13、14 号画像石棺考

何沁冰　谢荔

摘要：1996 年 12 月，四川合江县马街子田村三社发现石室墓一座，出土画像石棺两具。这两具画像石棺是泸州也是四川极为少见的北宋时期画像石棺。两棺的出土，对于宋代四川丧葬形制的葬式、葬具研究具有重要意义。宋代四川的丧葬形制主要为火葬，基本以小型葬具替代土葬葬式中的大型葬具。这种以典型土葬葬式形式出现的大型石棺葬具在宋墓中出土，极为罕见，值得深入研究。

关键词：四川合江县；画像石棺；宋代；葬具；葬式

一、引言

1996 年 12 月 6 日，四川合江县马街子田村三社村民陈锐清建房挖地基时，发现石室墓一座，出土画像石棺两具。1998 年 12 月，合江县文物管理所得知情况，将该墓出土的两具画像石棺运至县文管所收藏，编号为合江 13、14 号画像石棺（以下简称 13、14 号棺）。

此后，这两具石棺一直藏于合江县文管所，相关材料未

公布，石棺的断代问题也一直成谜。由于村民发现石棺后未及时报告，致使该墓未能进行清理发掘，该墓留存信息甚少，两具石棺具体的出土情况不明。石棺整体造型独特，画像内容清楚，雕刻为高浮雕。合江县画像石棺几乎都出土于汉墓，但这两具石棺与该县其他汉代画像石棺有着明显差异。笔者经过详细分析考证，认为13、14号棺为北宋时期作品，对于宋代四川丧葬形制，应得出新的观点和认识：宋代除以小型葬具为主的火葬葬式外，依然存在大型葬具的土葬或其他葬式。

二、13、14号棺时代考

（一）合江13、14号棺形制

两具石棺大小、形制基本相同，13号棺长2.2米，宽0.76米，高0.6米；14号棺长2.2米，宽0.72米，高0.6米。两具石棺上的画像为高浮雕，高约8厘米。13号棺前档为朱雀图，后档为玄武图，左侧帮两边各有一纹饰似为方胜纹，中间为青龙，龙头前方饰以火珠纹，右侧帮为白虎图，装饰图案与青龙图一样，无火珠纹。14号石棺前档为朱雀图，后档为素面，左、右侧帮图案与13号石棺基本相同，只是火珠纹位于青龙的脚下，作踩踏状。

两棺棺盖均由2块石头拼合而成，棺盖顶部呈平面形，在棺盖顶面部呈凹状，形成马槽形状，通体素面。棺盖前后两侧上部各有一圆孔。这种独特的棺盖造型，在合江甚至整个四川都少有发现（图一~图八）。

图一　13号棺

1. 前档

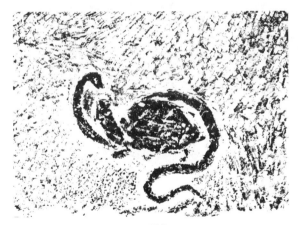

2. 后档

图二　13号棺前、后档拓片

1. 左侧帮

2. 右侧帮

图三　13号棺左、右侧拓片

1. 后档

2. 前档

3. 左侧帮

4. 右侧帮

图四　13号棺

图五　14号棺

图六　14号棺前档拓片

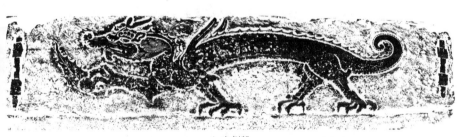

1. 左侧帮

2. 右侧帮

图七　14号棺左、右侧帮拓片

1.左侧帮

2.右侧帮

图八　14号棺左侧帮、右侧帮照片

（二）13、14号石棺与泸州汉代石棺的异同

13、14号棺与泸州汉代石棺的造型及画像内容基本一致。但也存在明显的区别：

第一，墓葬形制差异。泸州地区的画像石棺基本出土于汉代崖墓或砖石墓，13、14号棺出土于石室墓，与四川汉代墓葬形制有着明显的差异。第二，棺盖造型差异。四川地区汉代画像石棺棺盖呈弧形，由整石雕成，13、14号棺棺盖顶呈平行，并且棺盖上部有马槽形，呈凹形，棺盖由两块石板拼合雕成；此外，13、14号棺棺盖为素面，汉代画像石棺棺盖多为柿蒂纹，有的还配有其他图案。第三，棺身纹饰差异。13、14号棺前档为朱雀图，13号棺后档为玄武图；汉代石棺前档一般为汉阙图，后档大多为朱雀图或女娲伏羲图；13、14号棺青龙图上有火珠纹，汉代石棺的青龙图上则没有火珠纹；13、14号棺上的龟蛇图在汉代石棺是没有的，汉代石棺上只有单一的玄武，而不是龟蛇合一。第四，13、14号棺为高浮雕，汉代石棺为剔地浅浮雕。第五，13、14号棺两侧青

图九 江安1号石棺

龙白虎两边的图案类似仿木榫卯，并不是装饰性质的图案。江安1号石棺（图九），"画面分为两格，右侧为圆圈网联纹饰。左格内有两人……两人的两侧有方胜。"[1] 方胜位于主要图案两侧，作为主要图案出现在画面突出位置在汉代画像石棺上是很少见的。而13、14号棺仿木卯榫出现于主要画面两侧，类似江安1号石棺方胜图案的位置，尽管这两组图案略有差异，但从13、14号棺的图案布局可以见出汉代石棺装饰构图的遗风。

13、14号棺无论在葬式还是画像图案上，都与汉代画像石棺有着明显的差异，尽管在整体造型和个别细微的画像上还保留着汉代遗风，但可以排除这两具石棺为汉代时期的产物。

（三）13、14号石棺墓制、葬具、画像图案探讨

1. 墓式分析

如前所述，合江13、14号石棺没有原始发掘清理记录，但是根据村民陈锐清回忆，该墓为一石室墓，墓穴规模较大。从石室墓这点上分析，墓葬形制与四川泸州地区普遍出现的宋代石室墓形制基本吻合，首先可以定为是宋代的墓葬形制。

2. 13、14号石棺画像分析

（1）龙虎图比较

合江13、14号石棺左右侧皆为龙虎图案。关于历代龙纹的演变，在《说龙》一书中这样描述宋代龙纹："宋代又探索、总结出'凡画龙，开口者易，合口者难为功。画家谓开口猫儿合口龙，言其两难也。'……龙的形多在这样明确的

理论的影响下，更为规范统一，虽仍有地域、风格等区别，但已大同小异而已。但是，从此也就把龙套进了固定的模式里。"[2] 13、14号棺龙纹基本与泸州发现的南宋石刻龙纹一致。即龙身似蟒，尾部与身体连接匀整，龙身的腹甲、背鳍、肘毛、龙发完备规范。龙头额部隆起，龙角分叉，龙嘴尖长，鼻头生于眼与口吻之间，张口露利齿，龙发为一束向后飞扬，鳞纹分到大腿外侧，内侧及小腿部分不施鳞纹。

在13、14号棺龙头前面都有一个非常明显而又十分繁复精美的火珠纹，火珠纹所占据的画面大而明显，珠上的火珠纹多而长。这在泸州南宋石刻中是没有的，泸州南宋石刻龙纹的火珠纹极小，几乎没有出现在龙头前方，大多出现在龙身的上方，珠上火焰纹只有一至二条，纹路极短，火珠纹与庞大的龙形象不成比例。事实上，13、14号棺龙图上的火珠纹与唐代龙纹图上的火珠纹十分相似。火珠纹出现在龙图上始于隋唐时期，"隋唐时期，火珠已开始与龙同时出现在一

图一〇　陕西三原唐代装饰画青龙图

图一一　唐代金银器鱼龙变幻图

个画面上，位置尚无定准。"[3] 在《汉唐动物雕刻艺术》中，有一幅唐代装饰画青龙图上，龙身上方有火珠纹（图一〇），[4] 该火珠纹除火焰纹外，火珠的造型与13、14号棺龙图上的火珠非常相似。唐代金银器鱼龙变幻图火珠纹（图一一）[5] 与13、14号棺上的火珠纹更为接近。因此，在13、14号棺龙图上，既具有泸州南宋石刻龙纹固定的模式，又保留着中原隋唐龙纹的遗风。可以判断，13、14号棺应为北宋左右。

（2）朱雀、玄武图比较

13、14号棺除了龙虎图外，还有"四灵"之中的朱雀、玄武图。朱雀玄武是远古神话传说中镇守前后方位的神兽，在泸州汉代画像石都有出现。朱雀最为多见，一般出现于石棺的后档，玄武则多作为点缀图案出现于石棺盖上或左右侧画面上。在泸州地区南宋石室墓中，朱雀、玄武石刻多出现于石室墓左右上方两侧，并且造型刻工与汉代石棺上朱雀玄武有着明显的差异。

13、14号棺朱雀、玄武图，有着浓厚的宋代画像特征。朱雀图与泸县牛滩乡滩上村出土的南宋朱雀图（图一二）相较，朱雀图的整体造型和神态没有很大的区别，均是朱雀正面站立，脚踏云彩，面部表情呆板，这种朱雀造型在宋代以前是没有的。宋代以前的朱雀基本上是侧身、飞腾或欲飞腾状，形象生动有活力，从这一点上便排除了它们是宋代以前的产物。在表现技法上，13、14号棺朱雀图与牛滩乡朱雀图两者之间有着明显的差异。首先，13、14号棺朱雀脚下的云彩是以十分简单的几何线条来表现，牛滩乡石棺朱雀脚下的云彩则是十分繁复的。其次，朱雀冠毛的区别。13、14号棺朱雀冠毛仍保留着宋代以前飘逸上飞的造型，牛滩乡朱雀冠毛则短而塌，全无飞扬之状。13、14号棺上的朱雀图也应该是介

图一二　泸县牛滩乡南宋朱雀图

乎唐与南宋之间的北宋时期更为合理。

　　玄武图进入隋唐以后，基本上已演变为龟蛇图。13号棺上的玄武图也和泸州南宋玄武图一样，以龟蛇造型出现。尽管13号棺上龟蛇与泸州南宋石刻龟蛇有着大体上的相似，但两者间仍有着细微区别。13号棺上的龟蛇图更接近于唐、五代时期的龟蛇图案。尤其在龟的尾部表现上，13号棺龟的尾部长而且线条极为流畅。《汉唐动物雕刻艺术》中收入一幅隋代线刻龟蛇图（图一三），[6]其画面、造型等与13号棺非常接近，显然13号棺的龟蛇图还没有完全摆脱隋唐龟蛇造型模式，依然保留着隋唐龟蛇遗风。这种龟蛇遗风在泸州南宋龟蛇石刻图中是没有显现的。

图一三　洛阳隋代线刻龟蛇图

（3）13、14号棺画像布局

前面已经谈到，13、14号棺的青龙、白虎、朱雀、玄武在石棺上的布局，有别于泸州地区出土的汉代石棺。尤其是朱雀、玄武的分布，与其他石棺上朱雀、玄武的分布大相径庭。朱雀、玄武图在泸州汉代石棺中，朱雀作为主要图案出现在石棺的后档，玄武则作为装饰性质的图案一般出现在石棺的棺盖或左右两侧，不作为主要图案出现。这是泸州汉代画像石棺最为显著的特征之一，也是泸州汉代石棺断代依据之一。13、14号棺上的朱雀、玄武皆以主要图案形式出现，朱雀出现在前档，玄武出现在后档，这种布局完全是前朱雀、后玄武、左青龙、右白虎的传统模式，这种模式在汉代泸州石棺上是很难找到的。"四灵"是代表东南西北四个方位的传说中的四大神兽，表现在器物上一般分布于前后左右。隋唐以前这种布局方式并不是那么规矩，尤其在汉代石棺上，前档多为阙图，朱雀便出现在后档，因此，玄武大多只能象征性地在棺盖的后半部以表示后玄武，更多的汉代石棺干脆就省略了玄武图，只有朱雀图。这种现象不单在泸州汉代石棺表现突出，在四川汉代石棺上也极为普遍。

北宋、南宋时期，火葬盛行，葬具也有了相应的变化，在南部地区如福建、广东、四川等地还盛行陶、瓷棺椁葬具。例如，广东火葬墓盛骨灰的葬具种类繁多，具有鲜明的地方特色，有瓷棺作长方形，后面有插板可开启，左右两壁绘十二生肖或青龙、白虎，前壁绘朱雀，后壁绘玄武。[7] 从中可得出两点：一、北宋时期我国南部地区仍流行棺椁葬具；二、北宋时期"四灵"画像的布局已非常规矩。

这两点结论对于分析研究13、14号棺有着重要的意义。首先，北宋火葬的盛行并没有完全抛弃棺椁这一葬具形制，而且，厚葬之风的盛行下，在四川地区仍有大型的石、陶、瓷棺椁葬具是完全成立的；其次，"四灵"画像的布局，13、14号棺上"四灵"的布局与北宋广东瓷棺上"四灵"的布局完全一致，按照"前朱雀，后玄武，左青龙，右白虎"定式布局。这样，也可以进一步推断13、14号棺为北宋时期的作品。

（4）13、14号棺葬具风格特征

13、14号棺整体造型如泸州汉代石棺，差异之处主要表现在棺盖上。13、14号棺棺盖造型与唐代石棺棺盖十分相似。山西长治唐代舍利棺棺盖（图一四）[8]造型与13、14号棺很相似，盖顶呈平面状，也是凹形的马槽状。13、14号棺仍保留了唐代石棺风格，根据这样的分析，只能将

图一四　山西长治唐代舍利棺

13、14号棺推断为是保留了唐代遗风的北宋时期的石棺。

三、13、14号画像石棺与宋代丧葬葬式、葬具

宋代在中国丧葬制度史上是一个重要的变革时期，其一大原因在于火葬的风行。宋洪迈《容斋随笔》"民俗火葬"条记述："自释氏火化之说起，于是死而焚尸者，所在皆然。"[9] "然自宋以来，此风日盛，国家虽有漏泽园之设，而地窄人多，不能遍葬，相率焚烧，名曰火葬，习以成俗。"[10]在佛教文化影响和人地矛盾刺激的双重作用下，很多城市开始出现专门焚化尸体的场所，名曰"化人场"，以致宋时已有臣僚上书："火葬之惨，日益炽盛，事关风化，理宜禁止。"[11]却收效甚微。宋代"习以成俗"的焚烧尸体方式，带来了葬具材质和形制的系列变革，宋代以前大型石、木、陶瓷等棺椁葬具在宋代不再流行，基本上被小型的陶罐、瓮、木匣、小型瓷棺等葬具代替。

南宋泸州墓葬大多为石室墓，大型、小型皆有，出土的葬具几乎都是陶罐，大型葬具还没有出现过，更不用说像13、14号棺这样大型的石质葬具。这种现象不单在泸州地区表现突出，在整个四川甚至全国也是十分明显。因此，从南宋丧葬制度、泸州地区出土的南宋葬具，以及火葬葬式兴起带来的葬具变革等来看，南宋时期的泸州不可能产生13、14号棺这种大型的葬具。又据史料记载及大量宋代出土葬具考证，宋代骨灰的处理，主要有三种方式：一是焚尸后，将骨灰放入木匣或陶罐，然后埋入墓中。二是尸体火化后，将骨灰存放于寺院或漏泽园中，也有的存放于家中，逢节祭奠。

三是焚尸后，将骨灰弃于野外或水中。[12] 这样，疑问又出来了，将 13、14 号棺断代为宋代，是否有点牵强。

"四川自宋淳熙以后，火葬大盛。据统计，南宋时期四川的火葬墓约占宋代四川火葬墓总数 80% 以上。当时的成都，是四川火葬最为盛行的地区。" [13] 可以这样理解，火葬葬式是决定葬具的因素，火葬葬式原则上不可能产生大型的石棺葬具。那么，在四川南宋时期出现大型石棺葬具的可能性显然很小。从上面的记载中可以捕捉到这样的信息，四川火葬的兴盛是在南宋淳熙年以后。那么，北宋时期的四川应该还在沿袭以往的丧葬形制，采取多种葬式，如火葬、土葬或者其他葬式是完全可能的。依据这样的推断，四川在北宋时期土葬或其他葬式中的葬具也可能会出现大型陶、木、石之类的葬具。就泸州而言，考古资料显示，目前出土的宋代石室墓基本为南宋时期，其断代的主要依据之一即是所出土的葬具都是小型的陶骨灰罐。除此之外，在泸州宋代石室墓中还未发现其他的大型葬具。13、14 号棺即是泸州首次在宋代石室墓中发现的大型葬具，在填补泸州石室墓葬具发展史空白的同时，也为泸州丧葬沿革史填补了空白。

再者，宋代火葬之俗盛行，厚葬之风也同样盛行。李觏言："死者人之终也，不可以不厚也，于是为之衣衾棺椁，衰麻哭踊，以奉死丧。"并把"丧死之礼"视为"礼之大本"。[14] 宋代的"火葬、风水及佛事等俗，风靡一时。厚葬之俗较之唐代以前尤盛"。[15] 通观以上论述，可以总结出四川宋代丧葬制度的两大特征：其一，宋代是中国丧葬形制史上的重大改革时期，北宋火葬在四川兴盛，应未成普及之势，南宋时期四川才开始火葬的燎原普及之势；其二，四川宋代厚葬之风依然盛行，甚至比前代更盛。从四川宋代这两点丧葬形制特征上分析，火葬、土葬及其他葬式与厚葬之风是并存的。尽管在南宋时期四川由于火葬的兴盛很难出现大型的棺椁葬具，但是在厚葬之风盛行的北宋，四川泸州地区能够出现大型的棺椁葬具，作为厚葬的一种表现形式是完全成立的。

北宋时期的合江县属西川路，治所为益州即成都，自然会受到巴蜀文化的熏陶，同时接受来自东北面南下的中原文化与来自东面沿长江溯江而上的楚文化的熏陶，以及保留着夜郎文化的遗风。合江在北宋时期是多种文化元素交融之地，汉化程度较高。具体表现在中原文化、楚文化中汉唐遗风的继承，同时又体现出南宋巴蜀文化、夜郎文化的特征。因此，作为过渡时期的北宋，合江能够出现大型的石棺葬具是有因可循的。这时的合江在保留了四川南部汉代崖墓石棺葬具的同时，在画像纹饰内容、风格特征上还吸收了汉、隋、唐、五代时期的遗风，形成了具有北宋风格的合江北宋画像石棺。并且，这种典型北宋画像纹饰的形成，对南宋时期泸州的石室墓画像纹饰产生了极为重要的影响，形成了独具特色的四川南宋石室墓葬石刻画像。

（本文所用13、14号棺的拓片、照片由合江县汉代画像石棺博物馆提供；线图由白芮、何沁冰提供，谨致谢忱！）

注释

[1] 高文、高成刚编著：《中国画像石棺艺术》，第 33 页，四川科学出版社，1993 年。

[2] 徐乃湘、崔岩峋：《说龙》，第 46 页，紫禁城出版社，1987 年。

[3] 徐乃湘、崔岩峋：《说龙》，第 43 页。

[4] 王菁：《汉唐动物雕刻艺术》，第 3 页，湖南美术出版社，2000 年。

[5] 徐乃湘、崔岩峋：《说龙》，第 108 页。

[6] 王菁：《汉唐动物雕刻艺术》，第 319 页。

[7] 广东省博物馆：《广东考古十年概述》，文物编辑委员会编：《文物考古工作十年（1979-1989）》，第 225 页，文物出版社，1991 年。

[8] 高文、高成刚编著：《中国画像石棺艺术》，第 141 页。

[9]（宋）洪迈：《容斋续笔》卷一三，第 374 页，上海古籍出版社，1978 年。

[10]（清）顾炎武著，（清）黄汝成集释，栾保群、吕宗力点校：《日知录集释（全校本）》，第 901 页，上海古籍出版社，2006 年。

[11]《宋史》卷一二五《士庶人丧礼》，第 2919 页，中华书局，1977 年。

[12] 徐吉军：《中国丧葬史》，第 427 页，江西高校出版社，1998 年。

[13] 徐吉军：《中国丧葬史》，第 424～428 页。

[14]（宋）李觏撰，王国轩点校：《李觏集》，第 6 页，中华书局，1981 年。

[15] 徐吉军：《中国丧葬史》，第 428 页。

——《四川文物》2016 年第 1 期

四川泸州宋墓杂剧、大曲石刻考

冯健

摘要： 泸州宋墓出土石刻中，有一批表现宋代杂剧、大曲内容的题材，雕刻细腻，内涵丰富。文中对它们的特征及艺术风格进行分析和介绍，并综述其历史渊源及文化特色。

关键词： 泸州；宋墓；杂剧；大曲

近年来，随着宋墓考古的推进，宋墓石刻受到学界越来越多关注。四川广元罗家桥乡宋墓[1]、华蓥安丙家族墓[2]及资中赵雄墓[3]乐舞题材的发现，为四川宋代石刻研究增添了新内容。2002年以来，泸州出土的宋墓石刻中又发现一批乐舞题材，雕刻精美，有较高艺术价值，是宋杂剧、大曲在川传播的实证。

一、杂剧、大曲石刻的情况

据《泸县宋墓》考古资料分析，泸县石桥镇出土的宋墓石刻属于南宋中期。另有江阳区、泸县各出土一拨琴伎石刻，考其墓葬形制及服饰，与前者相似，推测亦属南宋中期。从内容看，该批石刻题材分为歌舞、乐伎及杂剧表演。其中：

1. 歌舞者六

泸县石桥镇新屋嘴村二号墓出土两件（图一、图二）。图一石刻宽 1.16 米，高 0.74 米。石刻构图由六人组成，似为表演某种民间歌舞。右起第一人着交领长袖袍服，绦带束腰，右手持一勺状物（疑为"鼗鼓"），左手虚于袖内，左肩挎葫芦状物；右起第二人，内穿抹胸，系短裙，赤足，外罩短褙子，左手提篮状物；第三人内穿抹胸长裙，外罩长褙子，双手捧笙于胸；第四人腰系绦带，戴叶状云肩，两脚交叉站立，双手持笛横吹；第五人内着抹胸，下穿长裙，系腰带，披长帛，双手于腰际捧一圆物；第六人，内穿抹胸，下穿宽脚裤系围

图一 泸县石桥镇新屋嘴村二号墓舞者石刻

图二　泸县石桥镇新屋嘴村二号墓舞者石刻

裳，外罩长褙子，双手于左腰前持一瓶状物[4]。图二石刻宽 1.19
米，高 0.71 米。因头部残损，无法辨清面部头饰，均梳髻，
似为女性。右起第一人内穿抹胸，外罩对襟旋袄，系叶饰围裙，
衣袍下露宽腿裤脚，双手持一树枝或竹竿于左肩前。其余五
人均手持荷花舞具，穿圆领袍衫，系腰带，袍下露宽腿裤脚，
做着各自动作，似大曲"采莲队舞"场景。右起第一人或为
表演中"竹竿子"类角色[5]。

泸县石桥镇新屋嘴村一号墓出土四件（图三、图四）。四女均头戴软脚花冠，身着圆领窄袖上衣，圆领上露出内衣衣领，下穿及地长裙，系腰带，束腰袄。四女均手持荷花、荷叶、蒲草及弯曲状饰物扎成的舞具，背于身后，并做重心前移，搓袖起舞动作。所不同处唯衣饰[6]。似宋大曲之"采莲舞"。

图三　泸县石桥镇新屋嘴村一号墓舞者石刻

图四 泸县石桥镇新屋嘴村一号墓舞者石刻

2. 乐伎者五

泸县石桥镇新屋嘴村一号墓出土两件（图五、图六）。图五石刻宽 0.78 米，高 0.95 米。两乐伎均戴软脚花冠，上穿圆领窄袖短襦，领内露内衣。下身着长裙，束腰，扎腰带。左乐伎左手持扁鼓于肩前，右手持杖击鼓。右乐伎左手持齐鼓于身旁作击鼓状。图六石刻宽 0.78 米，高 0.96 米。左右乐伎穿着均与前者同。左乐伎持拍板拍奏，右乐伎专注吹奏横笛[7]。

泸县石桥镇新屋嘴村二号墓出土两件（图七）。左一宽 0.70 米，高 1.61 米，人像连座高 1.26 米；右一宽 0.68 ~ 0.70 米，

图五　泸县石桥镇新屋嘴村一号墓乐伎石刻

图六　泸县石桥镇新屋嘴村一号墓乐伎石刻

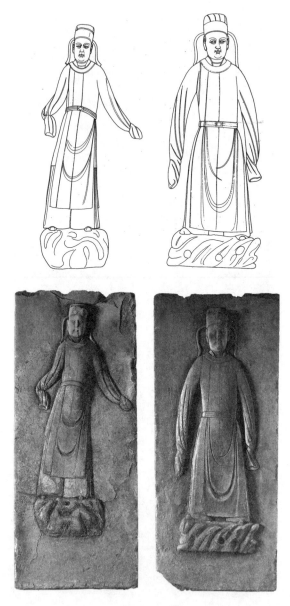

图七　泸县石桥镇新屋嘴村二号墓乐伎石刻

高 1.61 米，人像连座高 1.28 米。均为男性，戴软脚幞头，身着圆领袍衫，圆领露出内衣衣领，束腰革带。前者两臂稍张，双手搓袖，似为乐舞伎人领班；后者两臂搓袖下垂，身体正面直立[8]。

拨弦琴乐伎两件（图八、图九）。图八，出土于江阳区唐湾，长 0.72 米，宽 0.61 米。头挽高髻，内着抹胸，外穿长袖褙子，下穿长裙，露脚。站立，斜捧琴身，琴箱呈圆鼓形，琴颈无品，两枚弦轴分列琴颈两侧，琴颈有两道线痕，系两弦琴，并为拨弹。图九，出土于泸县奇峰镇，画面构图为男女两侍者，有龟、鹤及"寿"字，中为墓主座椅。男侍持瓶，女侍弹琴，除头为双髻饰外，其服饰与前同，所弹琴箱为方形，

图八　江阳区唐湾宋墓乐伎石刻

图九　泸县奇峰镇宋墓乐伎石刻

琴颈有三道线痕，亦无品，把握方式与前同。计有三枚弦轴，一二相对。

　　3. 戏剧者二均出土于泸县石桥镇新屋嘴村一号墓。一为勾栏说唱场景（图十）。石刻宽 1.63 米，高 0.70 米。勾栏左端侧立一女性，上身向前躬倾，面向勾栏右端站立之人，双手握于胸前，作施礼状。勾栏右端一人面部方圆，带微笑，左臂下垂，右手伸出袖外并用食指与中指指向左端之人[9]。其二为勾栏舞蹈器乐演奏（图十一）。石刻宽 1.62 米，高

0.55～0.78米。石刻构图由6人组成，皆为女性。从左至右，第一人左手执手鼓，右手执杖击打；第二人左手托齐鼓（疑为"都昙鼓"）于肩前，右手执杖击打；第三、第四人相向而立，上身微倾扬袖，作舞蹈状；第五人侧身回首吹奏横笛；第六人双手执拍板于胸前拍击[10]。

图十　泸县石桥镇新屋嘴村一号墓戏剧石刻

图十一　泸县石桥镇新屋嘴村一号墓戏剧石刻

二、杂剧、大曲石刻的考释

作为体现"谓死如生"观念的题材，墓葬乐舞形象是人们现实生活的客观反映。考证泸州宋墓杂剧、大曲石刻，大致包含以下内容：

1. 有杂剧之"装孤、装旦"类角色。

按杨萌浏先生研究，杂剧需要演员扮不同角色，作一问一答歌唱、说白表演 [11]。图十右端之人腰束宽带，裹幞头官员打扮判断，似为装孤角色，正奚落左端之旦角，有科诨说念性质。从川内已有内江顺河宋墓、广元罗家桥乡宋墓杂剧内容看，均有装孤角色。尽管无法蠡测此是否与"官本杂剧"内容相同，但其内容大致不会脱离官员题材。旦者，妇人是也。宋金杂剧中扮演妇人角色也较多，《武林旧事》《梦梁录》俱有扮妇人者或弄假妇人演事。

2. 有"鼓板"类伴奏方式。

杂剧表演，歌、舞、说、唱相兼，需要恰当的伴奏，所谓"先吹曲破断送"，即"唱念应对通遍"（《梦梁录》卷20）。大量田野考古资料证明宋杂剧、大曲均有伴奏。如广元罗家桥乡宋墓、华蓥安丙家族墓 [12]；北方如禹县白沙宋墓、修武大位金墓和洛宁介村金墓 [13] 都有6~7位手持乐器的伴奏者，且均为鼓、板、笛组合，杨萌浏先生将其称为"鼓板"，言其具有较大伸缩性，简便易行 [14]。在图十一中，鼓、板、笛俱在，说明泸县宋墓杂剧石刻内容中可能是一种富有节奏的念白、说唱，可能其时泸州民间对说唱表演类杂剧更感兴趣。

3. 有民间舞队、采莲队舞、"双撮泥金袖"、曲破等歌舞表演。

图一内容由于头部均残，较难判断。有研究称，由于有笙、笛、鼓伴奏，系宋"踏歌"的川内发展[15]。笔者认为，此可能为民间社火表演。据宋吴自牧《梦粱录》卷1中"元宵节社火活动"载，中有"清音，歇云，掉刀，鲍刀，胡女，刘衮，乔三教，乔迎酒，乔亲事，焦锤架儿，仕女，杵歌，诸国朝，竹马儿，村田乐，神鬼，十斋郎各社，不下数十。更有乔宅眷，旱龙船，踢灯，鲍老，驰象社。官巷口，苏家巷二十四家傀儡，衣装鲜丽，细旦戴花朵□肩，珠翠冠儿，腰肢纤袅，宛若妇人。"可想见，在男女混杂队伍中，大家扮演各种角色，其乐融融，社火表演可能性更大。

图二、图三及图四表现为采莲队舞。采莲队舞是唐时即有之歌舞大曲，重音乐、舞蹈和朗诵表演，宋承唐制，但表现已精炼，其表演形式为器乐演奏、歌舞相间，或演"入破"后快节奏舞段。南宋进士史浩撰《鄮峰真隐漫录》（卷45）中记录了《采莲舞》的表演程序、诵词、歌词和位置调度内容，表现为仙女碧波荡舟，凌波微步间赞人间美景情形。从表演程序看，有"竹竿子"勾队、放队、朗诵；五名女舞者，四人群舞，一人领舞，舞蹈有五人群舞、双人舞、独舞，队形调度有横排、直行和交换舞位。舞蹈中朗诵、对答、齐唱、独唱和器乐交替，是一个较纯粹的乐舞表演。由此观，图二采莲舞石刻为"五人一字对厅立"（站在一排准备上场姿态），其中右起第一持树枝者或为"竹竿子"角色。图三、图四则

为采莲舞之精细再现，考虑其分处墓室四方，墓主可能试图再现"舞者上，舞分四方"之瞬间情景。此应系宋《采莲舞》情景之文物再现，研究价值极高。

图七乐官造型与广元罗家桥南宋墓"双撮泥金袖"[16]舞人、内江顺河镇马鞍乡宋墓乐舞人[17]相近。按廖奔先生研究，所谓"双撮泥金袖"即指"以手绞袖"舞姿。元曲中有此舞姿描写。如，元白朴《梧桐雨》杂剧第二折杨贵妃舞"霓裳"时，明皇唱"鲍老儿"云："双撮得泥金袖挽，把月殿里霓裳按"；《太平乐府》卷2载，元孙周卿散曲《赠舞女赵杨花》："霓裳一曲锦缠头，杨柳楼心月半钩。玉纤双撮泥金袖，称珍珠络臂韝。"图七中，二乐人均带软脚幞头。《东京梦华录》卷9载宫廷舞蹈："《三台》舞旋多是雷中庆。其余乐人舞者浑裹宽衫，为中庆有官，故展裹。"北宋末期，乐官始能裹展角幞头，且幞头均为较高级乐服制。此二舞人双脚均呈八字，一直立一半蹲，直立者似起舞，半蹲者似收舞，笔者揣测为舞蹈中之领班。

图十一与采莲舞内容不同，应为队舞。从其布局看，它包含勾栏、伴奏队与两舞者。从二舞者婉约对舞情形看，其继承了汉舞中"长袖舞""巾舞"之特色。据《武林旧事》（卷7）载，淳熙三年（1176年）"教坊大使申正德进新制《万岁兴龙曲破》，对舞"；"小刘婉容进自制《十色菊千秋岁曲破》，内人琼琼、柔柔对舞"可知，应属宋歌舞中"曲破"舞蹈。曲破所用音乐较大曲简单，表演场面灵活[18]，结合蜀地盛行养伎自娱之习俗，此石刻当为小范围队舞表演[19]。

4. 展现"勾栏"舞蹈、杂剧表演场地。

图十、图十一表现为"勾栏"形象。勾栏是宋代艺人演出场所，其中可以演各类艺术，杂剧、大曲仅为其中事项。据廖奔先生研究，勾栏为棚木质地，封顶而不露天，四周全封闭，有木栅做的门，里面有戏台和观众坐的神楼、腰棚，观众席对戏台呈三面环绕形式的漩涡[20]。观此二石刻，其表现仅为戏台部分。尽管我国北方已发现许多此类实物，但川内宋墓石刻表现"勾栏"形象者，此为首例。

除开以上，还发现有"拨弦琴乐伎"。考其形制，笔者以为图八乐器或与唐乐器"忽雷"形制相近。据《辞海》所载，忽雷"颈长身细，无品；张二弦，形似琵琶。有大、小忽雷两种"。《文献通考》将其列入琵琶类乐器。另据刘瑞祯《古今中外乐器图典》载，该乐器形制更似其收录之壮族"天琴"[21]，与川内华蓥安丙墓 M1 后龛之二弦伎所弹乐器相类[22]。但华蓥安丙墓之二弦为方形共鸣箱，且弦轴均位一侧，或为川东、川南民间乐俗之细分；图九乐器则与今天四川彝族之大三弦形制相似，极具地域民族特色。

三、结语

综合以上，笔者认为可从地理、人文环境及乐舞特色看泸州宋代杂剧、大曲石刻。

泸州地理特殊，西连僰道，东接巴渝，南望夜郎。从遏制南方少数民族角度出发，历代王朝均重视经营泸州。宋初以降，泸州重要性可与成都相抗衡。宋神宗时，川峡四路设两个兵马钤辖司，一为成都益利路兵马钤辖司，二是泸州夔梓路兵马钤辖司，并设泸南安抚使。徽宗时，泸州更升节度。南宋初，泸州设泸南沿边安抚使，领18羁縻州。"（乾道间）升领东川一道十五州为边隅重地，潼川路安抚使十五郡。"[23]另据《永乐大典》载，绍兴年间，泸州城市已具规模，"其东偏自南之北，五百八十五丈，悉以石甃土，以避水患；其三面如故，而改筑广于旧城二里四十步，通为九里一十八步。改建楼橹，鼎新雉堞，焕然周遭，雄壮甲两蜀"。这为城市文化的发展奠定了物质基础。加之宋前四川政治人文环境相对稳定，中原文化（如唐僖宗避乱入蜀等事件）的推动，为杂剧、大曲为主的戏曲文化在四川的发展奠定了基础。据《蜀中广记》卷56载，北宋诗人唐庚从眉山到泸，居住泸州南门外，赋诗赞扬其时泸州城市文化之繁盛："百斤黄鲈脍玉，万户赤酒流霞。""歌唱竹枝终日楚，笛吹梅弄数声羌"。表明其时泸州城内五湖杂处，各方歌舞汇聚于此，十分繁荣。

其次，泸州杂剧、大曲石刻所展现的艺术特色，主要表现在三方面：

一是四川乐舞文化厚重底蕴的客观反映。泸州杂剧、大曲石刻是在巴蜀文化大背景下孕育产生，巴蜀民族主源于氐羌族系，神巫文化十分发达。秦汉以来的祭祀舞蹈、军戎舞事及部落乐舞在这一时期的出土器物上有丰富体现。就全国而言，四川汉代乐舞画像石、画像砖及舞俑出土较多，在数量及内容上居突出位置。作为汉江阳郡故地，泸州汉代乐舞文物不在少数，从"以舞相属"、养妓自娱的民间尚舞、善舞习俗，"巾舞""长袖舞"陶俑汉画舞姿到"掷倒技""说唱俑""跳丸""跳剑"杂技俳优等百戏内容，都在泸州宋墓杂剧、大曲石刻文物中有一脉相承性内容留存。

二是宋代杂剧特征已基本具备。据廖奔先生分析，宋代杂剧具有六大基本特征[24]。除无明显材料证明该批石刻具有复杂表演体制和剧本两特征外，可以看出其已具有敷叙说唱情节、勾栏中有四至五人为一场的戏班雏形、出现旦孤角色以及歌舞联姻四特征。因此，其杂剧元素基本齐全。

三是民间歌舞、乐器有地域文化特色。泸州宋墓杂剧、大曲石刻一方面表明宋代四川民间歌舞艺人的社火及队舞表演和群众自娱性歌舞活动在民间发展迅速，成为简便易行、别具一格的民间舞蹈；另一方面，还表明受地域文化因素影响，二弦、三弦等弹拨类伴奏乐器已在该区域流行。

注释

[1] 廖奔：《广元南宋墓杂剧·大曲石刻考》，《文物》1986 年第 12 期 25~35 页。
[2] 四川省文物考古研究院等编：《华蓥安丙墓》，文物出版社 2008 年。
[3] 四川省音乐舞蹈研究所：《四川古代舞蹈图录集》，第 173~174 页，第 177 页，第 154 页，四川人民出版社 2003 年。
[4] 四川省文物考古研究所等：《泸县宋墓》，第 136~144 页，文物出版社 2004 年。
[5] 四川省文物考古研究所等：《泸县宋墓》，第 136~144 页。
[6] 四川省文物考古研究所等：《泸县宋墓》，第 136~144 页。
[7] 四川省文物考古研究所等：《泸县宋墓》，第 136~144 页。

[8] 四川省文物考古研究所等：《泸县宋墓》，第 136~144 页。

[9] 四川省文物考古研究所等：《泸县宋墓》，第 136~144 页。

[10] 四川省文物考古研究所等：《泸县宋墓》，第 136~144 页。

[11] 杨荫浏：《中国古代音乐史稿》，第 351 页，第 374 页，第 337 页，人民音乐出版社 1981 年。

[12] 四川省音乐舞蹈研究所：《巴蜀舞蹈史》，第 247~254 页，四川美术出版社 2004 年。

[13] 孙敏：《从河南杂剧雕砖谈北宋杂剧》，《河南科技大学学报（社会科学版）》，2005 年第 9 期。

[14] 杨荫浏：《中国古代音乐史稿》，第 351 页，第 374 页，第 337 页。

[15] 四川省音乐舞蹈研究所：《巴蜀舞蹈史》，第 247~254 页。

[16] 廖奔：《广元南宋墓杂剧·大曲石刻考》，《文物》1986 年第 12 期。

[17] 四川省音乐舞蹈研究所：《四川古代舞蹈图录集》，第 173~174 页，第 177 页，第 154 页。

[18] 杨荫浏：《中国古代音乐史稿》，第 351 页，第 374 页，第 337 页。

[19] 宋时蜀中养家伎、官妓成风，泸州亦然。据宋吴增《能改斋漫录》卷 5 载，《题妓项帕》："蜀国佳人号细腰，东台御史惜妖娆。从今唤作杨台柳，舞尽春风万万条。"又据明彭大翼《山堂肆考》卷 111 载，黄山谷曾过泸南，泸州守帅所宠官妓盼盼因涪翁赠诗，遂以歌舞相酬。

[20] 廖奔：《中国戏曲史》，第 140 页，第 31~32 页。

[21] 刘瑞祯：《古今中外乐器图典》，第 150 页，人民美术出版社 1995 年。

[22] 四川省音乐舞蹈研究所：《四川古代舞蹈图录集》，第 173~174 页，第 177 页，第 154 页，四川人民出版社 2003 年第一版。

[23] （宋）王应麟撰《玉海》卷 19。

[24] 廖奔：《中国戏曲史》，第 140 页，第 31~32 页。

关于朱德同志
在泸州组织诗社的几个问题

程思远

  朱德同志作为滇军将领，积极参加讨袁护国战争，奉蔡锷之命，率军进驻泸县。在泸县驻防的五年（1916~1920 年）中，朱德同志曾经与当地人士组织了东华诗社和振华诗社，并以"玉阶"之名，写下了不少诗作。本文谨将朱德同志与两个诗社的有关问题作一粗浅探讨，以表达我们的崇敬、爱戴和缅怀之情。不当之处，请批评指正。

  一

  朱德同志在泸县是否组建诗社？对这一个问题，历来持有肯定和怀疑两种不同的看法。持怀疑看法的同志认为：朱德是个军人，以从戎为其主要任务，在那戎马倥偬的年代，哪有闲情逸致去联诗社消遣！他们的依据是《朱母潘太夫人荣哀录》[1]，寿文中说："玉阶（即朱德）奉令戍泸邑，治军之暇，召邑人士以近体诗切磨。于是，月常十数见，见必言诗。""旅长以儒而将，其驻泸也。治匪余暇，与州人士诗歌酬唱，相得甚欢。"都言他在泸州"治军之暇""治匪余暇"诗歌酬唱，并未谈到结社。持肯定看法的同志根据朱德同志诗联中的如下文字：

> 园可怡情，傥好河山，肯假我作小周旋，
> 笑羽扇纶巾，许风流人物。
> 诗堪结社，是真名士，要将他来暂羁旅。
> 凭沧海桑田，有大老神仙。[2]

认为这"诗堪结社"的诗句，便是他在泸州组织诗社的证据。

笔者持肯定说，还可以补充一些证据。朱德同志在《感

东华诗社旧址全景鸟瞰

事五首》诗中写道："买山筑屋开诗社，幸赋归来避市朝。"
又在《登五峰岭感怀诗》中讲："骚人争请联诗社，耆老分
困助粮饷。"更可靠的是朱德同志为诗社——东华诗社和振
华诗社亲自题的小引中说：

"爱借他山，共成吟社。""会胜地，耆老在此联成诗社。"
朱德同志在泸结诗社确有其事。

二

诗社置于何时？这是长期不得其解的一个问题。在《朱
母潘太夫人荣哀录》寿文中，有这样一段记载："丙辰秋（1916
年秋）九月，识仪陇玉垓少将于县知事。蒙化刘介眉（当时
泸县县长）座中，谈诗重性灵，薄装肴，言三百篇，皆诗人
自写性情。今人袭古人一二句调，自矜近唐近宋，实俳优演古，
终归于伪。吾今人为今人之诗，不敢貌合于古也，于窃心佩
之……"这段记载，显然是朱德同志与刘介眉在研讨古诗格
调、韵律，与今人袭古之伪，提倡今人要有今人独特的格调
和韵律才好。但它提示了诗社建立的大概时间——即丙辰秋
九月。

再看东华诗社小引中的叙述："兵火烽烟劫里，横槊赋
诗，大块假吾侪以文章……惧（距）一百六日，战守疏虞；
负廿四翻风，唱酬寄兴。"这"距一百六日"该从何时算起呢？
根据史料记载：云南滇军从 1915 年 12 月发起护国战斗，1916
年元月入川，2 月底进抵泸县江北兰田坝，使袁世凯展缓了登

基日期。后因袁兵聚泸，护国滇军无弹药、兵员、粮饷补给而退守永宁（今叙永县）。3月15日广西独立，17日护国滇军在纳溪县大州驿（今护国镇）发起反攻。3月22日袁世凯被迫宣布取消帝制。"六月七日，蔡锷命令朱德夺取敌军据点泸州，并戒备附近地区，包括自流井盐井地区。"[3]如果按这时算起，"距一百六日"正好是九月秋，与寿文记载相吻合。

但是，诗社成立的确切时间究竟是几月呢？我认为大约在1916年9月较为正确。梁百言先生在《朱青长先生事略及朱委员长关系》一文中证实说："乃因孙浚民（字炳文，参谋）关系，孙系青长先生弟子，且甚亲密，敬慕青长先生品德，具备礼物亲赴江安（县名）迎请先生赴泸讲学授诗，自赵又新（师长）以下，高级官佐，多北面听讲。"这段回忆，说明朱德同志为学诗，经由参谋孙炳文介绍，请朱青长先生来泸讲学授诗，加上朱德同志本身善好古体诗词，且师事于朱

东华诗社旧址文物保护标志碑

青长先生，而又"虚怀下士，方日淑其情性于诗"[4]。在这种情况下联社咏诗，也是合乎情理的。而振华诗社的组建时间，在小引中署记为丁巳秋（1917年秋）。据史记载：1917年春夏之间，四川发生了川、滇、黔军混战。朱德同志曾被派援黔。"八月末，朱德旅奉令移驻泸州。"[5] 因此，在这段时间里去游泸县云井山，与当地名人秀士结社联诗是可信的。

三

关于诗社名称，也众说不一。有人说叫"蝴蝶会"，又有人说叫"雅歌楼学社"，更多的人说叫"怡园诗社"或"东华学社"。其实这些名称都不是。

所谓"蝴蝶会"就是转转会，这次我家，下次你家，再下次他家。实指作诗的活动形式而言。

所谓"雅歌楼学社"，也非诗社名称。"雅歌楼"为讲学聚会的地方。"雅歌"是取后汉书《祭遵传》雅歌投壶之义。"遵为将军，取士皆用儒术，对酒设乐，必雅歌投壶。"即谓歌雅诗也。泛指作诗内容雅致优美而不庸俗之意来命名楼阁，称"雅歌楼"。

"怡园诗社"的确为诗社名，但非朱德同志入泸后组建，而是清末泸县名人秀士所组建。"怡园"是朱青长先生所居之屋金花桥的园名。清末，朱青长先生邀集三泸（即泸县、纳溪、江安）同科秀士李射圃、罗小吟、黎茂楠、陈秋潭、温翰祯、车由垓、陈孟堂等在自己家中园里饮酒赋诗，众见此园安乐舒适，遂命名为"怡园"，并结社，始称"怡园诗社"。朱德同志在《苦热》诗中也谈道："待到新秋气爽时，重入怡园诗酒共。"朱德同志在此只讲了再到怡园来饮酒作诗，并未说明组织诗社，因此"怡园诗社"是由朱德同志组建的说法是靠不住的。

"东华诗社"和"振华诗社"才是朱德同志在泸组织的诗社名称。何谓"东华"？"小引"中解东亚中华之意，其实，这个诗社名是沿用清光绪末年泸州东华书院名。东华书院后改为川南书院。辛亥革命后，书院中人分化，同时成立了东华学社和怡园诗社。朱德同志在《登五峰岭感怀》诗里说得尤为明白："诗社东华又振华，遗老遗少竞参加。""东华诗社"是朱德同志入泸后，将原东华学社与怡园诗社合改为"东华诗社"的。下面这副对联：

与朱穆结四海讴盟诗以言志，

同罗隐作残唐名士天假之年。[6]

就是朱德同志《贺泸州东华诗社罗小吟五十》（原题）时作的。"东华诗社"成立时，罗小吟任社长，不久，正逢他满五十，朱德同志为此作联以贺，由此可见"东华诗社"的来历。

关于"振华诗社"，乃振兴中华之意，它建立在东华诗社之后。地点在云井场（现今泸县云井区所在地），社长是熊仿文。熊仿文当时任凤仪乡（即云井乡）团总。此人思想

东华诗社旧址

较为进步，赞成共和革命，曾输家倡办义学。熊仿文出于对朱德同志的敬佩，乐意结社，并把社名定为"振华诗社"。熊又指园相贾，与朱德同志结为至好。从此诗社常于云井山上览胜赋诗。朱德同志离泸后，诗社成员们特于寺庙正殿增修一阁，命名"烟霞阁"，系根据朱德同志在登云井山《兰若联句》中末句"老烟霞"而来。至此，云井山寺庙又称"烟霞阁"。

"东华"和"振华"两个诗社，分别活动在泸县城与乡村。诗社成员有别，但以清末秀士为骨干，很少寒士。其活动采取吃"转转会"（蝴蝶会）形式，或登山览胜，或逢重大事件等，便聚会吟诗作对。"每星期聚会一次，事前每个成员必自带一份美肴来到这次聚会的主人家里，主人供应最好的茶酒，在会上各自高吟诗作，各显才华……会将散，还要集体研究下次聚会的题目和地点，以便回去各自准备。"然后由记录人或主人，将"大家吟咏的诗作印成集子，人手一册，留作纪念"。[7]

四

关于朱德同志结社的目的，更是众说纷纭：有说是为筹饷粮的；有说是为唱酬寄兴泄腹内牢骚的；还有说是为了宣传革命，以及以文会友、以诗言志的；更有说就是为了作诗的，如此等等。如何探讨和研究这一问题呢？我认为不能仅凭一句话，某一件事，或某个人的说法就孤立而轻率地作出判断，得出片面的结论。必须根据当时的历史背景，以及朱德同志所处的地位、环境，全面了解分析研究朱德同志当时的思想状况和思想感情，才能得出较为准确的判断和正确的结论。

朱德同志是在护国战争结束后进驻泸县的。那时，中国也表面统一了、平静了。但是，护国战争结束后，不仅旧军阀依然存在，且更加膨胀壮大；新军阀也依附护国讨袁，相继兴起。唐继尧护国讨袁，并非出于真心，而是迫于形势、迫于中下级军官和士兵的爱国热情，并"企图实现他蓄谋已久的兼并四川的野心"[8]。他趁护国战争结束、暂时平静之机，将自己扩充的军队源源不断地派入四川及西南各地，抢夺果实、争霸地盘，妄图当西南军阀王。这样的结果，必然给四川人民带来沉重的苦难。那时"四川真是到了疮痍满目、民不聊生的境地。而主要在四多：军队多、匪盗多、捐税多、纸票多。"[9]

正是由于唐继尧的军阀主义扩张、段祺瑞执政府的挑拨离间，在护国战争结束后不到一年的时间里，（1917 年 4 月）四川便发生了川、滇、黔军阀混战。护国友军变成了"同舟敌国"。朱德同志也卷入了旋流。根据朱德同志后来回忆说，那时"我的身经百战的第十团得到首先开入泸州的荣誉……我们把军队稍稍整顿一下就进了泸州。泸州人民又是放爆竹，又是挂旗，又是欢呼，又是高唱，盛情欢迎我们。"[10] 但这只是一个方面，另一方面，由于泸州是当时护国战争的主战场和中心阵地，在这里，多次发生拉锯战，使得肥沃富饶的地方满身疮痍。大地弹痕累累，人民血泪斑斑。由于累遭北洋军阀的蹂躏，加上土匪横行，地主恶霸们的勒索，以及苛捐杂税，这里已是田园荒芜、民生凋敝。朱德同志说："我们从这边进城，北洋军队就从另一边逃走，又劫又抢。这帮家伙用征服者的姿态开进四川，逃出去时则和土匪一样。"[11]

正是在这种背景下，朱德同志在泸州建立诗社。他在诗中记叙说："骚人争请联诗社，耆老分困助粮饷。"[12] 泸县在经过战乱后，一贫如洗。在上不给粮饷，下（指人民）"无油水"的情况下，如何维持部队的生活和作战军需？唯一的，也是最好的办法，就是当地的地主豪绅赊借或捐助。而这些地主豪绅，多是些名人秀士、清末遗老遗少。怎样联络和团结他们呢？于是，结诗社以图"助饷粮"的办法便应运而生了。

至于有人说朱德同志结社的目的在于"以文会友，以诗言志", 这话又对又不对。对的是通过诗社结识朋友, 以作诗抒发各自内心志向和看法, 这只是一个方面。另一面也应看到, 还有"宣传革命"、统一意志的目的。他在"小引"中说: "如为佳士, 有助龙争"。我们可以设想, 朱德同志当时如

东华诗社旧址朱德旧居外貌

果得不到地方绅士们从道义上和物质上的支持和援助, 军队的给养、地方上的安宁便是一个重大问题, 谈不上稳固川南重镇泸县。因此, 朱德同志在泸县结社的目的可归为二: 一、为了助饷粮; 二、为了宣传革命, 有利于战事。

那么, 朱德同志结社为"宣传革命""有助龙争"具体指什么呢? 通观他的一些诗作和史料记载, 不难发现, "革命"无非是虚幻的"共和"; "龙争"就是为争取在中国建立资产阶级的民主共和。他以为这就是拯救中国、拯救人民的正确道路, 并为之奋斗。

为了更好地了解朱德同志立志救国救民的思想感情，摘录一段有趣的登云井山联句 [13]。

《云锦振华诗社诸君偕玉垓登游云锦山》
兰若联句

熊（仿文）云锦山如锦，龙川坝水□。泸阳传胜景，
余（临轩）古庙袭袈裟。缓带来羊祜，
艾（承休）戎冠戒盂嘉。相邀陪上将，
朱（玉垓）有幸聚英华。定远毛锥掷，子陵竹钓差；
风云藏斗宿，大陆起龙蛇。
杨（秉初）乱世谁为用，太平愿竟赊。逸民甘畎亩，
胡（乾初）辍官隐桑麻。
朱（玉垓）帝制休留恋！
胡（乾初）绿林莫漫夸。
朱（玉垓）为人民着想！……
朱（玉垓）谁解倒悬苦，他乡国恨加，……。

从这一有趣的联句口占里，不仅使我们看到了在诗社成员中，有帝制派，有改良派，而且还有不问政治的逍遥派。当然更有坚决拥护共和的革命派，这是多数。其中尤以朱德同志旗帜最鲜明，意志最坚决。可以看出他的整个心里都在为国为民焦虑。不难理解，朱德同志为什么要把诗社取名"东华"与"振华"，为什么要结社，目的是很清楚的。他是以

共和为旗帜，以最终达到振兴中华、救民水火的目的。正如朱德同志在"东华诗社"小引中所说"宣传振兴中华，高声呼吁：打倒西方帝国，方称联翰墨之因缘，咏吟哦之乐事。"从这一响亮的口号和誓言中，我们可以清楚看到，在当时军阀混战的历史条件下，朱德同志吟诗结社仍然不忘革命和进步，充分表现了他在资产阶级旧民主主义革命道路上的苦苦追求。当然，只有在十月革命传入中国，中国共产党成立之后，朱德同志才最终找到"振兴中华""打倒西方帝国"的正确道路。

注释

[1] 即朱德祖母同年祝九十大寿同年卒，合称《潘太夫人荣哀录》，分寿文和联对，另有《凤仪悼念集》，石印本。原件存泸县图书馆。

[2] 《沛云堂立雪杂录》。

[3] 史沫特莱《伟大的道路》。

[4] 《荣哀录》寿文。

[5] 金汉鼎《唐继尧图川和顾品珍倒唐的经过》，载《文史资料选辑》三十集。

[6] 《沛云堂立雪杂录》。

[7] 梁伯言《朱青长先生事略与朱委员长关系》，载中国革命博物馆资料二。

[8] 《大革命前四川国民党的内讧及其南北政府的关系》。

[9] 《大革命前四川国民党的内讧及其南北政府的关系》。

[10] 史沫特莱《伟大的道路》。

[11] 史沫特莱《伟大的道路》。

[12] 《沛云堂立雪杂录》。

[13] 《沛云堂立雪杂录》。

——《四川文物》1986 年第 4 期

从几件历史文物看
护国讨袁时期的蔡锷与朱德

谢荔

一

最近，泸州市纳溪县档案馆新发现朱德于民国五年（1916年）在泸州时，亲笔签署"朱行"及钤有"朱德之章"印的珍贵档案三件。其中两件为朱德和当时的纳溪县知事周维桢（原护国军参谋）共同签署的文件，另一件为永宁道尹赵又新签署的文件。对研究蔡锷与朱德提供了极好的材料。

现将这三件文件内容抄录于下：

第1件 呈为倡建铜像及昭忠祠，恳请转呈拨款举办以垂纪念事：窃维民国再造，帝制铲除，推厥元勋，当以邵阳蔡公为最。纳溪为两军交战之区，即蔡公驻临之地。今春一役，我军士效命疆场，死亡极众，幸能挽回浩劫，恢复共和。事后追思，非建立蔡公铜像及阵亡军士等之昭忠祠，何足以励将来而资钦仰。^{支队长}等，一则驻防斯土，为出征衔

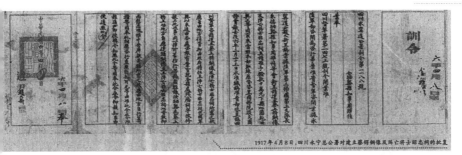

图一　倡建铜像及昭忠祠文件

命之人，一到领篆是邦，曾参赞军书之役，爰六月共建议将纳溪县城之东门拆修，另建砖台壹砌高廿八，就于台上铸造蔡公生时铜像一座，两旁勒碑纪功。并择城中要地，营缮昭忠祠一间，将阵亡诸军亡牌位，迁移入内，岁时祭献，以慰忠魂。再将阵亡诸烈士骸骨择□高阜收葬一处，以作□□义深、除就地募款储用外，应请均署据情转呈军长省长咨部，准拨款拾万元下县，以凭克日兴工，一俟该款领到，即便雇工绘图呈案。是否有理合将倡建铜像及昭忠祠缘由，备文呈请钧署察核转呈东道。谨呈永宁道尹赵（全衔）。呈为倡建蔡公铜像及阵亡军士昭忠祠，恳请转呈立案，拨款举办。由民国五年十一月廿六。陆军第二梯团部第三支队长朱行□（朱德之章）署理纳溪县知事　周行（图一）

第 1 件为朱德、周维桢共同签署的呈文，签署于民国五年十一月二十六日，蔡锷病逝后不久（蔡锷于民国五年十一月八日逝世），这时的朱德以护国军第一军第三支队长的身份驻节泸州。蔡锷的死讯传来后，上下同哀，朱德亦悲痛异常，除以挽联、诗等表示哀悼外，还与纳溪县知事周维桢起草并签署了这份呈文，欲在纳溪塑造蔡锷铜像及建造昭忠祠，以永久悼念蔡锷将军及在讨袁战争中死难的烈士。对于朱德与周维桢这一倡议，纳溪军民无不衷心拥护。其时，袁氏帝制虽然破灭，但中央大权仍掌握于北洋军阀手中，对拨款塑造蔡公铜像及建造昭忠祠一事，以各种借口百般阻挠。这可以从第 2 件永宁道尹赵又新于民国六年（1917）转国务院的训令中看出。"纳溪为蔡上将立功地方，自应建铸铜像并阵亡将士昭忠祠，以资景仰，而慰忠魂，惟中央库存款奇绌，所需之款，应由地方自行筹措。"纳溪本就是弹丸之地，地瘠民贫，根本无力自筹经费，朱德及纳溪军民的愿望未能实现。

第 2 件 训令　四川永宁道公署训令第 1188 号　令纳溪县知事周维桢（内容略）

第 3 件 迳启者十二月一日起至七日止为追悼黄蔡两公之期，所有期内办理一切事宜，业经规定，除宣示筹备处门首外，用特函达，附简章一纸。希即照章先期派办事员二人，并按期派招待员二人到会，经理。是为盼祷。此颂 日祉。

朱〇 周〇〇公启

附简章一纸　致：支队部 县公署 商会 劝学所 团防局 女学堂

^{黄蔡}二公追悼会筹备处简章

一、本会系奉中央特令，设筹备处，如期举办，凡属各界应诣会祭奠，以志哀悼。

一、本会订期十二月一号起至七号止。

一、一号实行筹备演习追悼仪式。

一、二号为军界追悼日。

一、三号为政界追悼日。

一、四号为绅界追悼日。

一、五号为商界追悼日。

一、六号为学界追悼日。

一、七号为女宾参观日。

一、八号闭会。

一、处中设办事员□人，由经理指挥。

一、处中按期备界设指待员二人，接待来宾。

一、女宾参观日另设女指待员，男宾免入。

一、本会需用款目，会毕榜示通知。

一、凡本会会员均于衣扣上加白花一朵为记。

中华民国五年十一月廿九

支队长 朱行 县知事 周行（图二）

第3件签署的时间为民国五年十一月二十九日，比第1件稍晚几天，是一份关于筹备举办追悼会的通知。文中提到

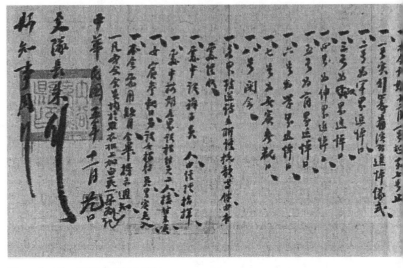

图二　黄、蔡二公追悼会筹备处简章

的黄、蔡，即指黄兴与蔡锷。黄兴在辛亥革命中也是举足轻重的人物，护国讨袁时期，黄兴任讨袁军总司令，民国五年十月三十日在上海病逝。通知邀集纳溪县军、政、绅、商、学各界人士，在纳溪南门外玉林寺（今纳溪县第七化建公司办公大楼附近）组织追悼黄、蔡二公大会的筹备处。筹备处提出了追悼会的具体日程、事务等。十二月一日，追悼会在王爷庙（今纳溪县物资局所在地）如期举行，共七日，朱德每日都临场巡视。军队悼念之日，朱德亲自率领三支队官兵在黄、蔡二公遗像前肃立默哀致敬。

　　这几件珍贵档案资料的发现，为研究护国讨袁战争史及朱德早年业绩提供了可靠的实物资料，它对于研究朱德与蔡锷的关系问题也提供了新的极其宝贵的实物依据。尽管朱德

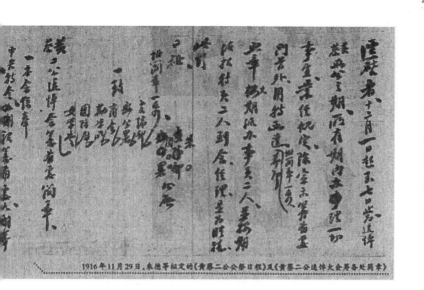

1916年11月29日，朱德等拟定的《黄蔡二公公葬日程》及《黄蔡二公追悼大会筹备处简章》

与蔡锷从认识到蔡锷逝世，只有短短的八年时间（朱德与蔡
锷的接触是从 1909 年在云南讲武堂开始的），在一起共事的
时间也仅五年（从 1911 年底云南"重九"起义后，朱德才直
接在蔡锷领导的部队里工作）。在这五年里，蔡锷至少四次
擢用朱德，朱德从排长一路晋升为混成旅少将旅长。1912 年
6 月，在全军"重九"起义庆功大会上，蔡锷亲授朱德"复兴""援
川"两枚勋章，晋升少校营长；1915 年 12 月，蔡锷返滇讨袁，
任命朱德为滇军补充队第四队队长；1916 年 1 月，朱德被任
命为滇军十团团长，16 日改任护国军第六支队队长（相当于
团长）；讨袁战争后驻军泸州，蔡锷又晋升朱德为少将旅长。
蔡锷何以如此重用朱德？

二

泸州叙永县摩尼乡的关脚村，为川、滇、黔咽喉之地，雪山关便坐落于此。雪山关高约5.5米，宽约2.5米，关门门额上有王仲薰题书的"雪山关"三字（图三）。1916年1月，讨袁战争开始后，蔡锷和朱德率滇军由贵州入川，路经此关，驻马题联，蔡锷题上联，朱德题下联，留下了著名的《雪山关联》。这在泸州市博物馆珍藏的《沛云堂立雪杂录》中，

图三　雪山关

也有详细的记载：

  蔡松坡朱玉垓率滇军入川讨袁过雪山关驻题联：

  是南来第一雄关，只有天在上头，许壮士生还，将军夜渡；

  作西蜀千年屏障，会当秋登绝顶，看滇池月小，黔岭云低。

  文字与雪山关上的石刻内容完全一致。（图四）

  朱德由滇入川时，只是护国军第三梯团第六支队长，而蔡锷则是护国军第一军总司令，他们的等级相差如此之大，为何会一起驻马题联，他们之间是否存在着亲密无间的深厚情谊。

  朱德于1908年考入云南讲武堂，1909年，蔡锷任云南新军十四镇三十七协协统，并在讲武堂兼任军事课。蔡锷的课很受学生欢迎，朱德也很敬佩蔡锷，有一次，朱德去拜访蔡锷将军，被蔡的卫兵误认为是刺客，结果被蔡锷请进去摆谈甚久。从此，朱德经常出入蔡宅，在这里，朱德不但读到一些进步书刊，接受新的思想，而且与蔡锷建立了深厚的情谊。

  辛亥云南"重九"起义，蔡锷作为革命决策人领导了这次起义，朱德作为起义的先锋战士，表现极为出色。共同的革命志向，成为联结他们友谊的纽带，使他们了解更深、更密切。护国讨袁战争前，袁世凯调蔡锷进京，"蔡锷离昆去京前夕，电召朱德……朱德表示了对辛亥革命后政局的担忧，

图四 蔡锷作《雪山关》上联

并向蔡直言说'调京是杯酒释兵权，不能去'。蔡锷对朱德斩钉截铁地说：'谁要拉中国往回头路上走，我就带你一起去割下他的首级来。'临别上马时，蔡一字一字地说：'我会回来的，一定回来。'"（刘启柏《朱德与蔡锷》）这段记载说明朱德与蔡锷的关系极为密切，相互信赖，相互鼓励。蔡与朱的相互信赖，还表现在他们配合的默契上。讨袁前夕，朱德尚在蒙自戍边，1915年12月中旬，朱德收到了蔡锷写给他的亲笔信，蔡锷告诉朱德，12月25日，他将在昆明宣布起义，宣誓效忠共和，号召全国响应，共同打倒袁世凯。朱德看信后，立即率部到达昆明，站在讨袁战争的最前列。

在整个讨袁战争中，蔡锷指挥若定，朱德身先士卒，二人配合十分默契。在战场上，蔡锷总是将重担交给朱德。史沫特莱在《朱德传》中写道："朱德的队伍以善打夜战和白刃出了名。第二天，蔡锷又把两个团交给朱德指挥。……蔡锷将朱德提升为少将，指挥一旅人。"《朱德元帅的一生》

也写道："2月23日（1916年），蔡锷从永宁来到了纳溪，撤换了前线指挥员，任命朱德为第三支队长。蔡锷指着有坚固设防的陶家瓦屋问朱德：'怎么样，能不能把它拿下来？'朱德豪迈地回答说：'世界上没有攻不破的堡垒！'"这仅仅是从大量材料中摘录出来的少量关于战争中的蔡锷与朱德，蔡锷偏爱朱德，信任朱德。朱德也不负众望，使北洋军闻风丧胆，以自己的才能赢得了蔡锷的信任。由此可见，蔡锷与朱德一起在雪山关驻马吟联便不是不可思议的举动了，这是必然的结果，是能够理解，而且也是能够作为千古佳话留芳百世的。

三

蔡锷早逝，朱德很悲痛，在以后的日子里，朱德经常谈起蔡锷，对蔡锷评价极高。蔡锷去逝时，朱德驻节泸州，在泸州留下了一些悼念、怀念蔡锷的诗联。泸州市博物馆珍藏的《沛云堂立雪杂录》中，有一联便是朱德悼蔡锷将军的。（图五）

悼蔡锷联

勋业震寰区，痛者翻，向沧海招魂，
满地魑魅迹踪，收拾河山谁与问；
精灵随日月，倘此去，查幽冥宋案，
全民心情盼释，分清功罪大难言。

图五 《沛云堂立雪杂录》悼蔡锷联

泸州市博物馆珍藏的《蜀英国学院立雪杂录》记载了朱德于1918年3月3日在泸州作的《登五峰岭感怀》诗三十首。"五峰岭"位于泸州市江北，紧靠小市镇。1918年2月，护法战争时期，川军三师钟体道联合川东唐昌九向朱德驻守的泸州发动进攻，朱德与之大战于五峰岭。战后，泸州文人雅士邀朱德登五峰岭。朱德触景生情，写下了这三十首感怀诗。其中的第十一、第二十一首是怀念蔡锷的：

登五蜂岭感怀

十一

退守叙州共枕戈，纶巾风度自安和。

轻装夜袭吴元济，劲敌晨摧张玉科。

大帅长驱临幕府，全师集逐渡岷河。

论功不敢膺中将，未抵黄龙奏凯歌。

二十一

将军一病下雕鞍，病笃东瀛去不还。

只恐罗山心早怯，果然马谡胆先寒。

因人事业前功弃，从古英雄末路难。

此后何人支大局，身肩重任敢偷安？

第十一首主要是回忆讨袁战争中的情景，1916 年 2 月下旬，护国军进抵泸州，北洋军集聚迫使滇军退守叙永，吴佩孚、张敬尧亲自率师直进，欲围攻叙永。朱德用一团兵力死守，亲领精兵奇袭吴佩孚，使吴军狼狈逃窜，朱德乘胜进击张敬尧，解了叙永之危。此时，蔡锷从永宁亲临大州驿前线了解战况，越级升朱德为中将，朱德力辞，以微功不受，诗中正是反映了这段史实。第二十一首主要是怀念蔡锷而作，朱德对蔡的怀念之情跃然纸上，发出"此后何人支大局"的感叹。

1942 年，朱德所著的《辛亥回忆》中说道："云南革命运动，当时是由蔡松坡、李根源、罗佩金三位共同领导的，尤其使人永远不能忘怀的是当时的蔡锷将军……他十分沉着……他利用他的地位给予革命运动以很好的掩护。他是辛亥前后云南革命运动和起义的掌舵人。"1961 年，朱德著《辛亥革命杂咏》八首，其中一首写道：

> 蕲逃钟死人称快，举出都督是蔡锷。
>
> 五华山上树红旗，出师两路援川鄂。

泸州，不但是蔡锷与朱德共同战斗过的地方，也是蔡锷与朱德的最后分别之地。

1916 年，护国军进驻泸州后，蔡锷在泸州没有住军部，而是住在朱德的旅部卧床治病。8 月 1 日，蔡锷赴成都就职四川督军，仅几天就辞职离开成都，东去日本治病。再次路经泸州时，仍然住在朱德处，一连几日，共商国是，足见他们的深厚情谊。

——《四川文物》1987 年第 3 期

后记

A f t e r w o r d

　　《泸州文博论坛精粹》的出版不仅向社会各界展示了我馆历年来科研工作的部分成果，也为参观者和研究者提供了关于泸州历史文化的多维视角。

　　泸州历史文化底蕴深厚，可资研究的课题还有许多，此书只是泸州市博物馆科研工作的一个小结，未来路漫漫，我们将上下求索，不负初心使命，在科研道路上继续前进。

　　本书的编撰离不开泸州市博物馆团队的辛勤工作，从资料收集、分类、编辑等，大家齐心协力，团结一致，才有了这一宝贵的成果。在此，泸州市博物馆谨以此书致谢为泸州文博事业兢兢业业奉献一生的同仁们，并对此书编撰和出版过程中所有给予关注和支持的领导、专家和同仁们致以衷心的感谢！

编者

图书在版编目（CIP）数据

泸州文博论坛精粹 / 泸州市博物馆编 .-- 成都：
巴蜀书社，2021.12
ISBN 978-7-5531-1623-5

Ⅰ.①泸… Ⅱ.①泸… Ⅲ.①文物工作－泸州－
文集 ②博物馆－工作－泸州－文集 Ⅳ.①K872.713-
53 ②G269.277.13-53

中国版本图书馆CIP数据核字（2021）第268224号

泸州文博论坛精粹
Luzhou Wenbo Luntan Jingcui

泸州市博物馆 编

责任编辑	童际鹏
特约编辑	张 苹
出 版	巴蜀书社
	成都市锦江区三色路238号　邮编 610031
	总编室电话：（028）86361843
网 址	www.bsbook.com
发 行	巴蜀书社
	发行科电话：（028）86361847
经 销	新华书店
印 刷	四川省东和印务有限责任公司（028）87586033
版 次	2022年12月第1版
印 次	2022年12月第1次印刷
成品尺寸	140mm*208mm
印 张	7.5
字 数	150千字
书 号	ISBN 978-7-5531-1623-5
定 价	36.00元